大学生学业压力与时间管理

王佳文 著

光明日报出版社

图书在版编目（CIP）数据

大学生学业压力与时间管理 / 王佳文著 . -- 北京：光明日报出版社 , 2024.8. -- ISBN 978-7-5194-8158-2

Ⅰ . G442；C935

中国国家版本馆 CIP 数据核字第 2024R9K206 号

大学生学业压力与时间管理
DAXUESHENG XUEYE YALI YU SHIJIAN GUANLI

著　　者：	王佳文		
责任编辑：	周文岚	责任校对：	张　丽
封面设计：	研杰星空	责任印制：	曹　净

出版发行：光明日报出版社

地　　址：北京市西城区永安路 106 号，100050

电　　话：010-63169890（咨询），010-63131930（邮购）

传　　真：010-63131930

网　　址：http://book.gmw.cn

E - mail：gmrbcbs@gmw.cn

法律顾问：北京市兰台律师事务所龚柳方律师

印　　刷：北京佳益兴彩印有限公司

装　　订：北京佳益兴彩印有限公司

本书如有破损、缺页、装订错误，请与本社联系调换，电话：010-63131930

开　　本：170 mm×240 mm　　　　印　　张：13

字　　数：210 千字

版　　次：2024 年 8 月第 1 版

印　　次：2024 年 8 月第 1 次印刷

书　　号：ISBN 978-7-5194-8158-2

定　　价：68.00 元

版权所有　　翻印必究

前　言

在当今高速发展的社会，大学生面临着日益增长的学业压力和时间管理的挑战。这不仅是一个教育问题，更是一个关乎青年心理、社会适应和个人发展的广泛议题。《大学生学业压力与时间管理》一书，正是在这样的背景下应运而生，本书旨在深入探索和解析这一现象，并提供针对性的解决方案和策略。本书的核心关注点在于理解大学生在当前社会环境下所承受的学业压力，以及他们在时间管理方面所面临的挑战。通过对这些问题的深入剖析，我们不仅揭示了学业压力的本质和成因，还探讨了有效时间管理的重要性及其在实际生活中的应用。

在学业压力的背景下，本书深入分析了个人因素、家庭因素、学校环境以及社会压力等多个维度，这些因素共同塑造了大学生当前的学业压力状况。同时，时间管理作为缓解学业压力的关键技能，本书详细讨论了其基本原理、心理学基础、策略技巧，以及在实际应用中可能遇到的障碍。此外，我们还特别关注了学业压力对大学生健康的影响，包括心理健康、生理健康、社交健康，以及学业成绩和学习效率。这一部分的讨论，旨在提醒读者认识到学业压力对个人发展的深远影响。在实践层面，本书提供了一系列有效的时间管理策略和技巧，帮助读者在繁忙的学业生活中找到平衡。同时，书中也探讨了应对学业压力的多种策略，包括认知重构、情绪调节、压力释放技巧，以及如何利用时间管理来调节压力。书中还涉及组织和环境对时间管理的影响，以及技术工具在现代教育中的应用，展示了在不同环境下实现有效学习和时间管理的可能性。此外，我们还探讨了创新教育方法在缓解学业压力方面的应用，以及如何在不同文化和社会环境中培养成功的青少年。

《大学生学业压力与时间管理》由湖南文理学院的王佳文撰写完成，是一本全面而深入的著作，旨在为大学生、教育工作者和家长提供宝贵的见解和策略，帮助他们更好地理解和应对学业压力，实现有效的时间管理。我们由衷地希望本书能够为大学生的健康成长和个人发展提供有价值的指导和支持。

目 录

第一章　大学生学业压力概述 ·· 1
第一节　学业压力的定义与背景 ·· 1
第二节　时间管理的重要性 ·· 6
第三节　大学生面临的学业压力现状 ···································· 11

第二章　学业压力的成因 ·· 17
第一节　个人因素：自我期望与能力感知 ······························ 17
第二节　家庭因素：家庭期望与经济状况 ······························ 23
第三节　学校因素：学习环境与教育体制 ······························ 27
第四节　社会因素：就业压力与社会比较 ······························ 33

第三章　时间管理的基本原理 ·· 39
第一节　时间管理的定义与重要性 ·· 39
第二节　时间管理的心理学基础 ·· 44
第三节　时间管理的策略与技巧 ·· 48
第四节　时间管理的障碍 ·· 54

第四章　学业压力对健康的影响 ·· 59
第一节　心理健康：焦虑与抑郁 ·· 59
第二节　生理健康：睡眠与饮食 ·· 64
第三节　社交健康：人际关系与孤独感 ································ 70
第四节　学业成绩与学习效率 ·· 75

第五章　有效时间管理的实践 ·· 81
第一节　目标设定与优先级排序 ·· 81
第二节　日程规划与任务管理 ·· 86
第三节　拖延心理与对策 ·· 89
第四节　休息与放松技巧 ·· 95

第六章　学业压力的应对策略 ·· 101
第一节　认知重构与情绪调节 ·· 101

第二节　压力释放与放松技巧 ························· 106
　　第三节　时间管理在压力调节中的作用 ··············· 111
　　第四节　求助与支持系统 ······························· 115

第七章　组织与环境对时间管理的影响 ················ 121
　　第一节　学校环境与政策 ······························· 121
　　第二节　家庭环境与支持 ······························· 126
　　第三节　社交网络与群体影响 ·························· 131
　　第四节　文化差异与时间观念 ·························· 136

第八章　技术工具在时间管理中的应用 ················ 141
　　第一节　数字日程与提醒工具 ·························· 141
　　第二节　时间追踪与分析工具 ·························· 144
　　第三节　学习管理系统的利用 ·························· 150
　　第四节　技术干扰与管理策略 ·························· 154

第九章　创新教育方法与学业压力缓解 ················ 161
　　第一节　教育创新对学业压力的影响 ················· 161
　　第二节　混合学习模式的优势 ·························· 166
　　第三节　项目式学习与学生主导学习 ················· 171
　　第四节　心理健康教育的融入 ·························· 175

第十章　总结与实践建议 ·································· 181
　　第一节　学业压力与时间管理的综合分析 ··········· 181
　　第二节　实践中的挑战与对策 ·························· 185
　　第三节　个人发展计划的制订 ·························· 190
　　第四节　资源与支持系统的建议 ······················· 195

参考文献 ·· 200

第一章 大学生学业压力概述

在当代社会，大学生面临的学业压力是一个日益受到关注的话题。随着教育竞争的加剧和社会期望的提高，学生们不得不应对来自多方的压力。本章旨在深入探讨大学生学业压力的多方面。首先，我们将对学业压力的概念进行界定，并探讨其背景和成因。这不仅涉及压力本身的定义，还包括其在当前教育体系中的根源和影响因素。随后，章节转向时间管理的重要性，强调有效时间管理对于缓解学业压力的关键作用。通过理论和实践相结合的方式，本部分将揭示时间管理技巧对于提高学业效率和减轻压力的价值。最后，本章将聚焦于大学生当前面临的学业压力现状，通过分析具体案例和数据，揭示这一群体在学业追求中面临的挑战和困境。整体而言，本章将为读者提供一个全面而深入的视角，从而帮助大家理解大学生学业压力的各个维度。

第一节 学业压力的定义与背景

一、学业压力的定义

学业压力是指学生在学习过程中所承受的各种来自学业方面的紧张、焦虑和压力。这种压力不仅仅来自学习任务本身，还包括来自学校、家庭、社会等多方面的期望和要求。在当代社会，随着竞争的加剧和教育体制的变革，学业压力已经成为许多大学生不可忽视的问题。

学业压力是多方面因素共同作用的结果。首先，学业压力与学术环境密切相关。学术环境包括学校的教学质量、教学方式、学科设置等因素。一些学校可能设置了较多的学习任务和考试，导致学生需要投入更多的时间和精力来完成学业，从而增加了学业压力。同时，教师的教学方法和对学生的评价也会影响学生的学习体验和压力感受。其次，社会的期望也是学业压力的重要来源。随着社会的发展，对于知识和能力的需求越来越高，许多家长和学生都希望通过优秀的学业表现来获取更好的发展机会，这种期望也会加大学生的学业压力。再次，家庭因素也是影响学业压力的重要因素。家庭对学生的期望、家庭氛围、家庭支持等都会直接影响学生的学业压力和学习状态。有些家庭可能会对学生的学习成绩有较高的要求，这会给学生带来更大的压力。另外，个人因素也会影响学生的学业压力。个人的性格特点、自我管理能力、学习动力等都会影响学生对学业压力的感受和应对方式。

学业压力对大学生的学习和生活产生了深远的影响。首先，学业压力会影响学生的学习动力和学习效果。当学生感受到巨大的学业压力时，他们可能会感到沮丧、焦虑，从而影响到他们的学习兴趣和学习效果。他们可能会因为害怕失败而不敢尝试，也可能因为缺乏动力而无法坚持学习。其次，学业压力也会影响学生的身心健康。长期以来的研究表明，过大的学业压力会给学生的身心健康带来负面影响，包括焦虑、抑郁、压力过大导致的生理疾病等。另外，学业压力还会影响学生的人际关系和社会适应能力。在面对巨大的学业压力时，学生可能会忽略了与家人、朋友的交流，甚至会因为学业压力而产生孤僻、自闭的情绪，这对他们未来的社会交往和职业发展都会造成一定的影响。

因此，学校、家庭和社会应该共同努力，以缓解大学生的学业压力。学校可以通过改革教学方式，减少学业负担，提供更多的学习资源和支持，帮助学生有效应对学业压力。家庭应该理性对待学业成绩，给予学生适当的支持和鼓励，关注学生的身心健康。社会也应该转变对于教育的观念，减少对于分数和学历的过分追求，为学生提供更多的发展机会和平台，让每个学生都能够在适合自己的方向上实现自我价值，减轻学业压力，实现全面发展。

二、学业压力的表现形式

学业压力对学生的影响是多方面的，不仅表现在心理上，还会导致情绪波动、学习动力下降等后果。首先，让我们来看看学业压力可能带来的心理影响。在面对繁重的学业压力时，许多学生会感到焦虑、紧张甚至抑郁。他们可能会担心自己无法达到家长或老师的期望，担心未来的前途会受到影响，这种担忧会不断加重，最终形成心理负担。这种心理负担会影响他们的睡眠质量，导致失眠、噩梦等问题，进而影响到他们的日常生活。

除了心理上的压力，学业压力还会导致情绪波动。在面对学习任务时，学生可能会感到情绪低落、沮丧甚至愤怒。他们可能会因为觉得自己无法应对学习压力而感到沮丧，也可能会因为自己的成绩不如期望而感到愤怒。这种情绪波动会影响到他们的学习状态，使他们难以集中注意力、保持专注，进而影响到他们的学习效果。

另外，学业压力还会导致学习动力下降。当学生感到学习任务过于繁重、压力过大时，他们可能会产生消极情绪，认为自己无论如何也达不到既定的目标，因此失去了继续努力学习的动力。他们可能会出现逃避学习的行为，比如，逃课、玩手机、逃避作业等。这种学习动力的下降会导致学生的学习态度变差，甚至可能使他们产生放弃学业的想法。

学业压力对学生的日常生活和学习表现产生了深远的影响。在日常生活方面，学生可能会因为心理压力大而失去对生活的兴趣，他们可能会出现消极情绪，影响到与家人和朋友的交流和关系。他们可能会因为失眠、食欲不振等问题而身体不适，甚至可能会出现头痛、胃痛等身体症状。在学习表现方面，学生可能会因为情绪波动大而难以集中注意力，导致学习效果不佳，成绩下降。他们可能会因为学习动力的下降而放松学习，导致作业没有完成、考试没有准备好，甚至会影响到他们的学业前途。

这会对学生的日常生活和学习表现产生影响，给他们的身心健康带来负面影响。因此，我们应该重视学生的学业压力问题，采取积极的措施来帮助他们应对压力，保持良好的心态和学习状态。

三、压力与学习动力的关系

学业压力对学生的学习动力和学习效率有着重要影响。首先，让我们看看压力如何导致焦虑和恐惧。当学生感受到来自学校、家庭或社会的压力时，他们可能会担心不能达到他人或自己的期望，担心失败或失去面子。这种焦虑和恐惧会导致他们对学习失去信心，感到沮丧和无助。他们可能会觉得学习是一种负担，而不是一种乐趣，因此失去学习的动力。

另一方面，学生也可能因为压力而感到动力下降。当感到过度的压力时，他们可能会感到疲惫，难以集中精力和保持专注。这可能会导致他们在学习中遇到困难时更容易放弃或逃避，而不是坚持下去。他们可能会选择逃避学习任务，寻找其他方式来缓解压力，如沉迷于社交媒体、视频游戏或其他不良习惯。

学业压力还可能导致学生对学习失去兴趣。当学生感到学习是一种被迫的任务，而不是一种自愿的活动时，他们可能会失去对知识的好奇心和热情。他们可能会觉得学习是一种义务，而不是一种机会，这会降低他们的学习动力和积极性。他们可能会变得消极和懒惰，对学习缺乏动力和效率。

然而，尽管学业压力可能会对学生的学习动力和学习效率产生负面影响，但也有一些方法可以帮助学生应对压力并保持积极的学习态度。首先，建立良好的学习习惯和时间管理技能可以帮助学生更有效地应对压力。通过制订合理的学习计划和目标，学生可以分解大型任务，并逐步完成，从而减轻压力并提高学习效率。

而培养积极的心态和应对压力的技能也是至关重要的。学生可以通过学习应对技能和情绪调节技巧来增强他们的心理韧性，从而更好地处理学业压力。这可能包括学习放松技巧、呼吸练习、正念和冥想等方法，以帮助他们保持镇定和专注，即使在面对挑战和压力时也能保持积极的态度。此外，建立支持系统和寻求帮助也是应对学业压力的关键。学生可以与家人、朋友、老师或辅导员交流，分享他们的感受和困扰，并寻求建议和支持。有时候，与他人分享问题可以减轻压力并找到解决问题的方法。同时，学校和社区还可以提供心理健康资源支持和服务，帮助学生应对学业压力并保持身心健康。

学业压力对学生的学习动力和学习效率产生着重要影响，可能导致焦虑、恐惧和动力下降。然而，通过建立良好的学习习惯、培养积极的心态、寻求支持和应对压力的技能，学生可以更好地应对学业压力，并保持积极的学习态度和高效的学习效率。

四、文化与社会因素的影响

文化和社会因素对学业压力的影响是一个复杂而深远的主题。不同国家和地区的文化传统、社会价值观以及教育体系都会对个体的学习经历和压力水平产生显著影响。

不同国家和地区对教育的看重程度是影响学业压力的重要因素之一。在中国、韩国和日本等东亚地区国家，教育被视为获取社会地位和经济成功的主要途径。因此，学生和家长对学业成绩的要求往往非常高。这种高度竞争的教育环境导致学生面临巨大的学业压力，他们不仅需要应对学业上的挑战，还要承受来自家庭和社会的期望压力。

相比之下，西方国家对教育的看重程度可能较低。在这些国家，人们更注重个体的创造力、批判性思维和实践能力，而非单纯的学术成绩。因此，学生在这样的环境下可能更注重个人发展和兴趣，相对来说，可能会减轻一部分学业压力。

当今社会，成功往往被定义为取得高学历、从事高薪职业或者在社会地位上有所突出。在这种定义下，学生和家长会对学业成绩产生极高的期望，导致学业压力居高不下。而在另一些国家的社会生活中，成功可能被定义为个人的幸福感、社交能力、对社会的贡献等更广泛的因素。在这样的社会中，学生可能会更多地关注自身的成长和幸福，而非单纯地追求学业上的成功。

除了国家和地区的文化差异，社会阶层和家庭背景也会对学业压力产生影响。在某些家庭中，父母可能会对子女的学业表现有很高的期望，他们可能会施加额外的压力，以期子女能够在学业上取得更好的成绩。而在另一些家庭中，由于经济条件有限或者家庭价值观的不同，父母可能对学业成绩并不那么重视，这可能会减轻学生的学业压力。此外，教育体制和学校文化也是影响学业压力的重要因素。在部分教育体制下，学校可能会采取严格的评价标准和竞争机制，这会导致学生之间的竞争激烈，增加学业压力。而在另外的教育体制下，学校可能更注重学生的个性发展和全面素养，这可能会减轻学业压力。

文化和社会因素对学业压力有着重要的影响。不同国家和地区的教育观念、社会价值观、家庭背景以及教育体制都会塑造学生的学习经历和压力水平。要有效应对学业压力，需要深入了解这些因素的作用机制，为学生提供个性化的支持和指导。

第二节　时间管理的重要性

一、提升学业成效

提升学业成效是每个学生都渴望达到的目标，而时间管理则是实现这一目标的关键因素之一。有效的时间管理不仅可以帮助学生充分利用每一天，还能够提高学习效率，确保学生有足够的时间进行复习和预习，从而取得更好的成绩。

合理安排学习时间是提高学业成效的基础。学生需要明确每天的学习目标，并将其分解成具体的任务和时间段。通过制订每日、每周甚至每月的学习计划，学生可以清晰地了解自己需要完成的任务，从而更好地掌控时间。

其次，学生应该根据自己的生物钟和学习习惯，选择最适合自己的学习时间。有些人在清晨思维敏捷，而有些人则在夜晚更为高效。因此，学生可以根据自己的情况，在最佳的学习时间段集中精力学习，以提高学习效率。

学生还可以通过制定优先级来管理时间。他们可以将任务分为紧急和重要两类，并按照优先级进行安排。这样可以确保学生首先完成最重要、最紧急的任务，然后再处理其他次要任务，以确保学习计划的顺利执行。

另外，学生在制订学习计划时，还应该考虑到自己的兴趣和能力。他们可以根据自己的喜好选择学习内容，从而增强学习的主动性和积极性。同时，他们也应该认识到自己的学习能力和局限性，合理安排学习时间和任务，避免过度劳累和学习压力过大。

除了以上几点，学生还可以通过一些技巧和工具来提高时间管理能力。比如，可以利用番茄工作法来提高工作效率，每隔一定时间进行短暂的休息，以保持专注力和精力。此外，他们还可以利用时间管理应用程序或工具，帮助他们记录和管理学习时间,提醒他们完成任务的时间,以避免时间的浪费和碎片化学习。

时间管理在提高学业成效方面起着至关重要的作用。通过合理安排学习时间、选择最佳的学习时间段、制定优先级、考虑兴趣和能力,以及运用一些时间管理技巧和工具,学生可以提高学习效率,确保充足的复习和预习时间,从而取得更好的成绩。因此,学生应该认真对待时间管理,将其视为提升学业成效的关键因素之一。

二、减少压力与焦虑

在当今竞争激烈的学术环境中,许多学生常常感受到压力和焦虑的困扰,这主要源于紧迫的截止日期和繁重的学业负担。然而,通过有效的时间管理,学生可以减轻这些负面情绪,更好地应对挑战。时间管理不仅仅是简单地安排日程表和计划任务,还涉及对时间的合理利用,以确保任务能够高效完成,同时,还要保持身心健康。

学生经常会面临着各种不同科目的作业和考试,而这些任务通常都有严格的截止日期。面对这些压力,学生可能会感到焦虑和不知所措。然而,通过制订合理的时间表和计划,学生可以更好地分配时间,避免临时抱佛脚和拖延症的问题。他们可以将任务分解为更小的部分,并为每个部分设定特定的截止日期,从而确保任务按时完成,避免拖到最后一刻的紧张感。

时间管理还可以帮助学生减少不必要的焦虑。许多学生常常感到"压力山大",是因为他们在同一时间面临着太多的任务和活动,而没有足够的时间来完成。然而,通过有效地规划和分配时间,学生可以更好地控制自己的日程安排,避免过度承载自己。他们可以学会如何设置优先级,将时间和精力集中在最重要的任务上,同时学会如何拒绝那些无关紧要的事情,从而减少焦虑和压力的来源。

另外,时间管理还可以帮助学生提高效率,从而减少工作量和学习负担。通过有效地安排时间和任务,学生可以避免把时间和精力浪费在无关紧要的事情上。他们可以学会如何利用碎片化时间来完成一些简单的任务,如阅读课本或复习笔记，从而节省更多宝贵的学习时间。此外，他们还可以学会如何利用一些工具和技巧，如番茄工作法或时间跟踪应用程序，来提高自己的工作效率，从而减少学习负担和焦虑感。

时间管理对于减轻学生的压力和焦虑至关重要。通过合理规划和分配时间，学生可以更好地应对紧迫的截止日期和繁重的学业负担，避免临时抱佛脚和拖延症的问题，减少不必要的焦虑和压力来源。同时，时间管理还可以帮助学生提高效率，减少工作量和学习负担，从而更好地实现自己的学习目标，保持身心健康。因此，学生应该重视时间管理的重要性，并努力培养良好的时间管理习惯，以应对学习和生活中的各种挑战。

三、平衡学习与生活

学生往往需要应对大量的学业压力，包括完成作业、准备考试和参加课外活动等。与此同时，他们还需要处理个人生活中的各种需求和兴趣，如社交活动、休闲娱乐和家庭责任等。

有效的时间管理是学生实现学习与生活平衡的关键。通过合理地规划时间，学生可以确保在学习之余有足够的时间来放松身心、参加兴趣爱好和与朋友家人交流。然而，要实现这种平衡并不容易，需要学生具备一定的技能和意识。

首先，学生需要学会设定清晰的优先级。他们应该明确自己的学习目标和个人生活的重要事务，然后根据这些优先级来安排时间。这意味着，要在学习任务和个人生活之间进行权衡，并做出适当的决策。例如，如果某个学生发现自己在某门课程上花费了过多的时间，导致无法参加社交活动或休息，那么他可能需要重新评估自己的时间分配，并考虑调整学习计划。

其次，学生需要学会制订有效的时间管理计划。其中包括制订详细的学习计划，将学习任务分解为小部分，并设置明确的截止日期。同时，他们还应该合理安排休息时间和娱乐活动，以避免过度劳累和疲惫。例如，可以将每天的学习时间分为多个短暂的时间段，每隔一段时间就进行休息和放松，以保持精力集中和效率高效。

此外，学生还应该学会有效地利用时间。这意味着，不仅要避免拖延和浪费时间，还要学会合理规划和利用碎片时间。例如，可以在上下学途中听听录音课程或阅读课本，以充分利用每天的空闲时间。另外，学生还可以尝试使用一些时间管理工具和技巧，如番茄工作法或任务清单，来帮助自己更好地管理时间并提高工作效率。

学生需要学会灵活应对变化。生活中难免会出现一些意外情况或突发事件，可能会影响到原有的时间安排。因此，学生需要学会适应变化，并及时调整自己的时间管理计划。这可能意味着需要重新安排任务的优先级，延迟某些计划或寻求帮助和支持。

平衡学习与生活需要学生具备良好的时间管理技能和意识。通过设定清晰的优先级、制订有效的时间管理计划、合理利用时间和灵活应对变化，学生可以更好地实现学习与生活的平衡，从而提高生活质量、增强学习效果并更好地发展个人兴趣和培养能力。

四、培养自律与责任感

培养学生的自律性和责任感是教育中非常重要的一部分。时间管理是关键，对学生的成长和发展起着至关重要的作用。通过学会自我管理时间，学生可以培养自律性和责任感，并且在日常生活和学习中取得更好的成绩。

时间管理可以帮助学生建立良好的学习习惯。在学习过程中，合理安排时间，充分利用每一分钟，可以让学生更有效率地完成学习任务。通过将时间分配给不同的科目和任务，学生可以避免拖延和浪费时间的现象，提高学习效率。这种良好的学习习惯不仅有助于学生在学业上取得成功，还可以为他们未来的职业生涯打下良好的基础。

时间管理还可以培养学生的自我约束能力。在时间有限的情况下，学生需要学会权衡利弊，合理安排时间。他们需要学会拒绝诱惑，集中精力完成重要任务。这种自我约束能力在日常生活中也同样重要。它可以帮助学生更好地控制自己的行为，做出正确的选择。

时间管理还可以培养学生的责任感。学生在规定的时间内完成作业和任务，不仅是对教师的尊重，也是对自己的负责。通过按时完成作业和任务，学生可以养成自律的习惯，这种习惯会伴随他们的整个人生。在未来的工作和生活中，他们会更加负责任地完成自己的工作，并且对自己的行为负责。

时间管理还可以帮助学生更好地平衡学习和生活。在高强度的学习之余，学生也需要有适当的休息和娱乐。通过合理安排时间，学生可以在学习之余有时间去锻炼身体、参加社交活动、发展兴趣爱好等。这样不仅可以提高学生的生活质量，也可以避免学习压力过大而导致的身心健康问题。

时间管理对于培养学生的自律性和责任感至关重要。通过学会自我管理时间，学生可以养成良好的学习习惯，提高学习效率；同时，他们也可以培养自我约束能力和责任感，更好地控制自己的行为，做出正确的选择；此外，时间管理还可以帮助学生平衡学习和生活，提高生活质量。因此，教育工作者应该重视时间管理的教育，帮助学生养成良好的时间管理习惯，为他们的未来发展打下坚实的基础。

五、提高组织和规划能力

提高组织和规划能力对于学生的学习和生活都至关重要。在当今快节奏的社会中，学生面临着诸多课业压力、社交活动、兴趣爱好以及家庭责任。因此，他们需要学会有效地管理时间，合理规划自己的学习和生活。

时间管理不仅仅是简单地安排每天的活动时间，更重要的是要能够在有限的时间内高效地完成任务。对许多学生来说，他们可能会感到时间不够用，因此，学会如何有效地利用时间至关重要。

一个好的时间管理计划可以帮助学生合理地安排自己的学习时间，确保每个学科都能得到足够的学习时间。例如，他们可以制定一个每日时间表，将时间分配给不同的学科，或者根据每个学科的重要性和难度来安排学习时间。此外，他们还可以在时间表中预留一些时间用于课外活动、社交和休息，以保持身心健康的平衡。通过这样的时间管理方式，学生可以更好地组织自己的学习生活，提高学习效率。

除了帮助学生更好地安排时间，时间管理还可以帮助他们更好地应对学习任务的压力。当学生有一个清晰的时间表时，他们就能够更好地预估完成任务所需的时间，并且可以提前安排好。这样一来，即使遇到突发情况或者任务量突然增加的情况，他们也能够更从容地应对，不至于手忙脚乱。

与时间管理相伴而生的是规划能力。规划能力是指学生制定和实现长期和短期目标的能力。长期目标可以是指学生想要在某个学期或者学年取得的成绩，而短期目标则可以是指每周或者每天想要完成的任务。通过设定明确的目标，学生可以更好地规划自己的学习过程，并且有一个清晰的方向。

为了实现这些目标，学生需要制订相应的计划，并且不断调整和执行。例如，他们可以制订每周的学习计划，包括要学习的内容、复习的时间和完成作业的截止日期等。在执行计划的过程中，他们可以及时调整计划，根据实际情况来安排时间和任务的优先级，确保能够按时完成任务并达到预期的目标。此外，规划能力还可以帮助学生更好地管理自己的学习进度。通过设立明确的学习目标和计划，学生可以更容易地监督自己的学习进度，并且及时发现和解决问题。这有助于他们及时调整学习策略，确保能够在规定的时间内完成任务，并且取得优异的成绩。

提高组织和规划能力是学生在学习过程中必须掌握的重要技能。通过有效地管理时间和制订合理的学习计划，学生可以更好地组织自己的学习生活，提高学习效率，从而取得更好的学习成绩。因此，教育工作者和家长应该帮助学生培养良好的时间管理和规划能力，为他们的未来发展打下坚实的基础。

第三节　大学生面临的学业压力现状

一、学业成绩的压力

学业成绩对大学生具有重要的意义，因为成绩直接影响着他们未来的职业发展和学术成就。保持良好的学业成绩不仅有助于学生获得优质的工作机会，还可能为他们赢得奖学金和其他荣誉，提升个人的社会地位和职业前景。因此，许多大学生认为，只有取得优异的成绩才能实现自己的职业目标和人生理想。

除了个人职业发展的考量,家庭期望也是学生面临的另一个重要压力源。许多家庭希望他们的子女能够取得优异的成绩,以实现家庭的愿望和期待。这种家庭压力可能来自家庭传统、文化背景或父母的个人经历,使得学生感到必须努力取得好成绩,以不辜负家人的期望。一些学生甚至可能感受到了来自家庭的直接或间接的压力,这进一步增加了他们的学业成绩压力。

与此同时,社会和同龄人的竞争压力也对学生的学业成绩产生了重要影响。在竞争激烈的社会环境中,学生不仅要面对来自同学的竞争,还要应对来自其他院校和国家的竞争。在这种竞争中,学业成绩往往被视为衡量个人能力和智力水平的重要标志。因此,许多学生会比较自己和同龄人的成绩,努力保持领先地位,这进一步加剧了学业成绩的压力。

另外,学生还可能受到学习环境和学术要求的影响,这也会影响他们的学业成绩压力。一些专业课程可能更加艰深和具有挑战性,需要学生投入更多的时间和精力来学习和理解。学生可能面临着课程负荷过重、期末考试紧张和作业任务繁重等问题,这进一步增加了他们的学业压力。

为了应对这种学业成绩压力,学生可能需要制订合理的学习计划,合理分配时间,充分利用学习资源。他们还可以寻求帮助和支持,与老师、同学或辅导员沟通交流,共同解决学习中的困难和问题。此外,保持积极的心态也是应对学业成绩压力的关键,学生应该认识到,成绩并不是衡量自己价值的唯一标准,而只是一个综合评价的组成部分。

同时,学校和社会也应该提供更多的支持和资源,帮助学生有效地应对学业压力,实现全面发展和健康成长。学校可以通过开设心理健康课程、提供学习辅导和个性化指导等方式,帮助学生增强应对压力的能力和技巧。社会可以通过建立更加公平和包容的教育体系,减轻学生的学习负担,创造良好的学习环境和氛围,从而降低学生的学业成绩压力,促进其全面发展和成长。

二、课业负担与时间分配

大学生处于学习和成长的重要阶段,面临着复杂多变的学业压力,需要在课程安排、作业、实验报告和考试等方面进行艰难的平衡，这对他们的时间管理能力和个人生活产生了深远影响。在现代高等教育体系中，大学生通常面临着密集的课程安排，可能需要每天上多个课程，每节课都可能有大量的阅读、作业和复习任务。这种紧凑的课程安排要求学生必须具备高效的时间管理能力，以确保每项任务都能及时完成。然而在实践中，许多学生往往感到时间不够用，面对着各种学习任务的压力，不得不在学业和个人生活之间进行艰难的抉择。

其次，作业和实验报告是大学生日常学习的重要组成部分，他们经常需要花费大量的时间和精力来完成这些任务。从文献综述到实验设计，从数据收集到结果分析，每一步都需要认真对待，这对学生的学习效率和动力提出了极高的要求。特别是对于那些专业要求严格、实践性强的课程，学生可能需要花费更多的时间来准备和完成作业，这使得他们很难有时间去从事其他的兴趣爱好或社交活动。在这种情况下，学生往往需要在完成作业和保持个人生活之间找到一种平衡，以确保他们既能取得好成绩，又能拥有充实而健康的生活。

另外，考试作为对学生学习成果的检验，也是大学生面临的一项重要挑战。为了取得好成绩，学生需要在考试前投入大量的时间和精力进行复习。他们可能会利用课余时间阅读课本、整理笔记，甚至熬夜备考，以确保自己能够熟练掌握所学知识并取得优异的成绩。然而，这种高强度的复习状态往往会对学生的身心健康产生负面影响，例如，导致睡眠不足、精神紧张等问题，进而影响到他们的学习效果和个人生活质量。

大学生面临着巨大的课业压力，需要在学业和个人生活之间进行艰难的平衡。尽管他们可能会面临诸多挑战，例如，时间紧张、压力大以及个人生活的牺牲，但通过制订合理的学习计划、提高时间管理能力，并保持积极的心态，大学生可以更好地应对这些挑战，实现学业和个人生活的平衡发展。因此，学校和社会应该关注大学生的学习和生活状态，提供必要的支持和帮助，帮助他们克服困难，实现全面发展。

三、实习和职业准备的压力

实习和职业准备是大学生在迈向职场时所面临的关键挑战之一，而在当今竞争激烈的就业市场中，这种挑战变得更加严峻和紧迫。学生不仅需要在学术方面表现出色，还需要具备实践经验和职业技能，这使得他们不得不面对巨大的压力和挑战。

随着互联网的发展，虽然求职信息的获取变得更加便利，但也带来了更大的竞争压力。学生需要花费大量的时间和精力来浏览各种招聘网站，搜索适合自己的实习岗位。而且，许多优质的实习机会往往被高校的就业资源中心或者行业内部推荐，这就需要学生不断地与老师、同学和校友建立联系，争取获得内部推荐的机会。此外，有些实习岗位可能会要求学生具备一定的工作经验或专业技能，这就需要学生提前通过课外活动、实践项目或者自学来提升自己的竞争力。因此，学生常常感到焦虑和挫败，尤其是当他们看到同学们陆续获得实习机会而自己还在苦苦寻找时，这种焦虑感更加强烈。

即使学生成功地获得了理想的实习机会，他们也会面临着实习工作所带来的巨大压力。与学校学习相比，实习工作通常需要学生在短时间内适应全新的工作环境和团队文化，学习并掌握新的工作技能，同时还要应对工作中的各种挑战和问题。有些实习岗位可能要求学生承担较大的责任，甚至需要他们在繁忙的工作中保持高效率和良好表现。例如，在一家市场营销公司实习的学生可能需要负责策划和执行一项重要的促销活动，而在一家金融机构实习的学生可能需要参与到复杂的金融交易中去。这些挑战不仅考验着学生的专业能力，还考验着他们的沟通能力、团队合作能力以及解决问题的能力。因此，学生在实习期间往往需要付出更多的努力和精力，以确保自己能够胜任工作，并为自己的职业生涯打下良好的基础。

另外，学生还需要在实习期间不断展现自己的能力和潜力，以便为自己未来的职业发展奠定基础。他们可能需要主动寻求反馈并不断改进自己的表现，积极参与团队项目并展示自己的领导才能，以及建立起与同事和上司良好的关系。例如，在一家科技公司实习的学生可能需要不断提出创新性的想法和解决方案，以展示自己在技术领域的专业知识和创造力。同时，他们还需要与团队成员合作，共同完成项目并取得成功。这种能力展示不仅可以让学生在实习期间获得更多的学习和成长机会，还可以为他们未来的职业发展增加更多的竞争优势。

对即将步入职场的学生来说，他们还需要面对就业市场的不确定性和竞争压力。随着社会经济的不断发展和行业结构的不断调整，许多新兴行业和职业机会不断涌现，但同时也带来了更大的竞争压力。许多行业都对应届毕业生有着较高的要求，他们希望招聘到既有扎实专业知识又具备丰富实践经验的人才。因此，学生常常会担心自己是否能够找到满意的工作，是否能够与其他竞争者竞争成功，以及是否能够在职场中取得成功和发展。这种不确定性和压力可能会影响到他们的情绪和自信心，甚至导致焦虑和抑郁。因此，学生需要在面对这些挑战时保持积极乐观的态度，不断充实自己的知识和技能，提高自己的竞争力，为自己未来的职业发展做好充分的准备。

对学生来说，实习和职业准备的压力是一个不可避免的挑战。然而，通过积极面对挑战、保持耐心和毅力，并不断学习和成长，学生可以克服这些压力，为自己的职业生涯奠定坚实的基础。只有不断努力，才能实现自己的职业梦想，走向更加光明的未来。

四、社交与人际关系的挑战

大学生在面对社交生活和人际关系的挑战时，常常需要应对各种复杂的情境和压力。首先，与同学之间的关系是他们社交生活中最为重要的一环。在大学里，同学们来自不同的地区、文化背景和家庭环境，他们拥有各种不同的兴趣爱好和生活方式。因此，大学生需要适应这种多样性，学会与不同类型的人相处。然而，这种适应并不总是容易的。有些大学生可能会感到被孤立或排斥，因为他们与他人的兴趣爱好或价值观不同，或者因为他们缺乏自信心和社交技能。在这种情况下，他们可能会遭受社交焦虑或抑郁症的困扰，影响到他们的学习和生活。

其次，与教师之间的关系也是大学生需要面对的挑战之一。在大学里，教师通常会采用更加开放和平等的教学方式，鼓励学生参与讨论、提出问题和表达观点。这种开放性对一些学生来说是一种解放，可以激发他们的学习兴趣和创造力。然而，对另一些学生来说，这种开放性可能会带来困惑和不安。他们可能会感到不知所措，因为他们习惯了高中时期的明确指导和规范，而现在却需要自己负责自己的学习和成长。此外，与教师之间的关系也可能会受到学术压力和成绩的影响。一些学生可能会感到沮丧或失落，因为他们无法达到教师的期望，或者因为他们担心自己的学习成绩会受到影响。

大学生还需要处理与家庭成员之间的关系。对许多大学生来说，离开家乡上大学意味着与家人之间的关系发生了变化。他们可能会感到孤独、思念家人，或者面临与家人的意见和期望不一致的情况。一些学生可能会感到压力很大，因为他们觉得自己需要在学业和社交生活之间找到平衡，同时还要满足家人的期望。而另一些学生可能会感到自由和独立，因为他们有机会在大学里追求自己的兴趣和梦想，摆脱了家庭的束缚。

大学生在面对社交生活和人际关系的挑战时，常常需要应对各种各样的情境和压力。与同学之间的关系、与教师之间的关系以及与家庭成员之间的关系都可能会对他们的社交生活和心理健康产生影响。然而，通过积极的沟通、建立支持系统和寻求帮助，大学生可以更好地应对这些挑战，建立健康、满意的人际关系，实现自己的发展和成长。

第二章　学业压力的成因

在当代社会，学业压力已成为影响青少年和年轻人心理健康的重要因素。本章将深入探讨造成学业压力的各种成因，涵盖个人、家庭、学校及社会层面的多维度分析。首先，将从个人角度出发，分析自我期望与能力感知如何影响学业压力的形成。紧接着，家庭因素的探讨将涉及家庭期望和经济状况对个体学业压力的影响。学校因素则着重于学习环境与教育体制对学生压力的作用。最后，社会因素部分将探究就业市场的压力和社会比较对个人学业压力的影响。通过这一全面的分析，本章旨在提供一个多角度视野，帮助读者理解和应对学业压力这一复杂且普遍的现象。

第一节　个人因素：自我期望与能力感知

一、自我期望的形成与影响

学生对自己学业的期望往往是在多种因素的影响下形成的。家庭环境在塑造学生自我期望方面扮演着至关重要的角色。家庭是孩子成长的第一社会环境，家庭对教育的态度、期望和价值观会直接影响到学生对自己的学业表现所持的期望。一个重视教育、鼓励孩子积极学习的家庭往往会培养出孩子积极、高期望的态度。这类家庭一般能够为孩子提供良好的学习环境，包括提供必要的学习资源和支持，并给予鼓励和肯定，从而激发孩子对学习的兴趣和动力。相反，如果家庭对教育不重视，或者家庭环境不稳定，孩子可能会感受到缺乏支持和关爱，从而影响到他们对自己学业的期望。

社会环境也对学生的自我期望产生着深远影响。社会对成功的定义和价值观会直接影响到学生对自己的期望。在某些认知中，高学历和高收入被视为成功的象征。因此，学生可能会更倾向于设定较高的学业期望，以追求这种成功。这种社会环境可能会给学生带来更多的竞争压力和社会焦虑，促使他们不断努力追求更好的成绩和更高的学历。相反，在另一种认知中，成功的定义更多地强调个人兴趣、幸福感和社会责任。因此，学生可能会对自己的学业表现持更为宽松的态度，注重发展个人特长和兴趣爱好。

除了家庭和社会因素，个人成就和经历也会对学生的自我期望产生影响。过去的学习经历、成功和挫折都会塑造学生对自己能力和潜力的认知，进而影响到他们对未来的期望。如果学生曾经取得过较好的成绩或者获得过奖励，他们可能会对自己的学业表现持有较高的期望，相信自己有能力取得更好的成绩。这种自信和积极的期望可以激励学生更加努力地学习，实现个人发展目标。相反，如果学生过去曾经失败或者受到打击，他们可能会对自己的能力持怀疑态度，进而降低自己的学业期望，甚至产生自我怀疑和自我否定的情绪。这种消极的自我期望可能会导致学生缺乏动力和目标感，对学业缺乏兴趣，从而影响到学习的积极性和成绩表现。

过高或过低的自我期望都可能导致学业压力。过高的自我期望会使学生感到过度紧张和焦虑，担心自己达不到期望，从而导致学习效率下降，甚至出现抑郁等心理问题。这种压力不仅会影响到学生的学业表现，还可能影响到他们的身心健康和社交关系。因此，过高的自我期望需要及时纠正和调整，让学生树立更加合理和积极的学业期望，建立健康的学习态度和行为习惯。相反，过低的自我期望则会导致学生缺乏动力和目标感，对学业缺乏兴趣，从而影响到学习的积极性和成绩表现。这种情况下，教育者和家长要能够及时发现问题，给予学生适当的指导和支持，帮助学生树立更加积极和合理的学业期望，激发他们的学习动力和潜能。

家庭、社会和个人因素共同影响着学生对自己的学业期望的形成。了解这些因素对教育者和家长来说至关重要，他们需要关注学生的自我期望，及时给予指导和支持，帮助他们树立合理、积极的学业期望，从而更好地应对学业压力，实现个人发展目标。教育者和家长应该倡导平衡、健康的教育观念，注重培养学生的综合素养和人格发展，引导他们树立正确的人生观和价值观，走出属于自己的成功之路。

二、能力感知与学业表现

学生对自己学术能力的感知在很大程度上影响着他们的学业表现和心理压力水平。低能力感知往往会导致学生对自己的信心下降，从而影响他们的学业表现。当学生觉得自己不够聪明或无法完成任务时，他们可能会感到沮丧和挫败，从而影响他们的学习动力和努力程度。在这种情况下，学生可能会避免挑战性的任务，因为他们害怕失败会进一步证明自己的低能力感知。因此，低能力感知往往会导致学生在学业上表现出较差的结果。

此外，低能力感知也可能增加学生的心理压力。当学生感到自己无法胜任学业任务时，他们可能会感到焦虑和压力。他们担心自己无法达到家长、老师或同学的期望，担心自己的未来受到影响。这种压力可能会影响学生的情绪和心理健康，使他们难以集中精力学习或处理学业任务。

相反，当学生对自己的学术能力有较高的感知时，他们往往会表现出更为积极的学习态度和更高的学业表现。高能力感知可以增强学生的自信心，使他们更愿意接受挑战并努力克服困难。这种积极的心态可以激发学生的学习动力，促使他们更加努力地学习和成长。因此，高能力感知往往会导致学生在学业上取得更好的成绩和表现。

然而，有时学生的能力感知可能与其实际学术能力不符。例如，一些学生可能由于过高的自我期望而产生低能力感知，尽管他们实际上有能力完成学业任务。在这种情况下，学生可能会因为对自己的过高期望而感到失望和沮丧，从而影响他们的学习表现和心理健康。因此，帮助学生正确评估自己的能力，并提供适当的支持和指导，对于促进他们的学业表现和心理健康至关重要。

在教育实践中，教师和家长可以采取一系列措施来帮助学生建立积极的能力感知。首先，他们可以提供积极的反馈和鼓励，帮助学生认识到他们的进步和成就。其次，他们可以设定合理的学习目标，并提供资源和支持，帮助学生实现这些目标。此外，教师还可以采用多样化的教学方法，以满足不同学生的学习需求，并鼓励学生发展自己的学习策略和技能。最重要的是，教师和家长

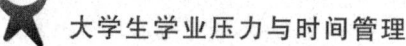

应该建立一个支持性和包容性的学习环境，让学生感到安全和受到尊重，从而促进他们的学习和成长。

学生对自己学术能力的感知对他们的学业表现和心理健康具有重要影响。低能力感知往往会导致学生的学业表现下降和心理压力增加，而高能力感知则可能促进学生的学习动力和积极的学习态度。因此，教育工作者应该重视学生的能力感知，帮助他们建立积极的自我认知，促进他们的学业发展和心理健康。

三、完美主义倾向

追求完美的学生往往身处一种永无止境的竞赛中，他们对自己的要求严苛而不容妥协。这种完美主义倾向在学业上造成了巨大的压力，影响着他们的任务完成、时间管理和自我评价。

对这些学生来说，任务完成变得十分具有挑战性。他们总是希望做到尽善尽美，追求着无可挑剔的结果。然而，随着对细节的过分追求，他们往往会陷入无休止的完美主义循环。每一次任务都成为一场挑战，要求他们投入大量的时间和精力，有时可能导致拖延症的出现。因此，他们往往会面临着紧迫感和焦虑情绪，觉得自己永远无法达到自己设定的标准。

完美主义倾向也严重影响了这些学生的时间管理能力。由于他们对每一个任务都要求完美，往往会花费过多的时间在一个项目上，而忽视了其他同样重要的任务。这导致了时间的不合理分配，使得他们在面对多项任务时感到不堪重负。他们可能会感到时间不够用，导致焦虑情绪的加剧，并可能出现对任务的拖延和推迟。这种不良的时间管理习惯进一步增加了他们的学业压力，使得他们难以应对日益繁重的学业负担。

完美主义倾向也对这些学生的自我评价产生了深远的影响。他们倾向于以极端的标准来衡量自己的价值和成就，往往对自己的表现过于苛刻。即使取得了优异的成绩，他们仍然感到不满足，因为他们总是认为自己还有更多的提升空间。这种不断地否定自己成就的行为，会导致他们的自信心受到严重打击，甚至可能引发自我怀疑和消极情绪。这种负面的自我评价进一步加剧了他们的学业压力，使他们陷入一种自我怀疑和挣扎的状态。

追求完美的学生往往面临着巨大的学业压力。他们在任务完成、时间管理和自我评价等方面都受到了完美主义倾向的影响，使得他们难以应对日益增长的学业挑战。因此，他们需要学会调整自己的心态，放宽对自己的要求，以减轻压力并更好地应对学业挑战。

四、目标设定与实际结果的差距

学生常常在学术生涯中设定各种目标，希望取得优异的成绩和成功。然而，他们设定的目标往往与实际成绩存在差距，这可能对他们的自尊和压力水平造成深远的影响。当学生设定的目标过高或不切合实际时，他们往往会感到挫败和沮丧，这种挫败感可能会持续影响他们的学习动力和心理健康。

学生设定不切实际目标的原因有很多，其中之一是他们对自己的能力过于乐观估计。年轻的学生常常会高估自己的能力，认为自己可以轻松地取得优异的成绩，而忽视了实现这些目标所需的时间和努力。此外，外部压力也是导致学生设定不切实际目标的一个重要因素。家庭、同学或老师的期望可能会对学生产生影响，使他们觉得自己必须达到他人的标准才能获得认可和尊重。在竞争激烈的学术环境中，学生可能会感到自己处于劣势中，因此设定了过高的目标，希望通过超越他人来证明自己的价值。

当学生意识到自己的目标与实际成绩之间存在差距时，他们往往会陷入挫败和沮丧的情绪。这种挫败感可能会削弱他们的自尊，使他们开始质疑自己的价值和能力。学生可能会觉得自己不够优秀，无法达到他人的期望，从而陷入自我怀疑的状态。长此以往，这种自我怀疑可能会逐渐侵蚀学生的自信心，使他们对自己失去信心和动力。

除了对自尊的影响，巨大的目标与实际成绩之间的差距也会增加学生的压力水平。学生可能会感到焦虑和压力，担心不能达到自己设定的目标，或者担心无法满足他人的期望。这种压力可能会影响学生的学习效率和情绪状态，使他们难以集中精力学习和处理学业压力。在面对困难和挑战时，学生可能会感到无助和沮丧，进而影响到他们的学习动力和成绩表现。

为了应对学生设定的不切实际的目标与实际成绩之间的差距，教育者和家长可以采取一系列措施来帮助他们。首先，他们可以帮助学生设定合理、可实现的目标，根据学生的实际能力和学习情况来制定目标。教育者和家长应该鼓励学生根据自己的兴趣和能力设定目标，而不是盲目追求所谓的"成功"。其次，他们可以提供支持和指导，帮助学生制订实现目标的具体计划，并在学习过程中给予及时的反馈和鼓励。此外，教育者和家长还可以鼓励学生树立积极的学习态度，培养他们的自信心和自尊心，使他们能够积极应对挑战和困难，不断提高自己的学习能力和成绩表现。

学生设定的学术目标与实际成绩之间的差距可能会对他们的自尊和压力水平产生深远的影响。不切实际的目标设定可能会导致挫败感和焦虑，使学生感到沮丧和无助。因此，教育者和家长应该帮助学生设定合理的目标，并提供支持和指导，帮助他们实现自己的目标，从而促进他们的学业发展和心理健康。

五、个人资源的管理

个人资源的管理对学生来说是至关重要的，直接关系到他们的学业表现、生活质量以及心理健康。在当今社会，学生面临着诸多挑战和压力，如繁重的学业任务、社交压力、家庭期望等，有效地管理个人资源可以帮助他们更好地应对这些挑战，提高学习效率，减轻心理负担。

首先，时间对学生来说是最宝贵的资源之一，然而，许多学生常常感到时间不够用，任务堆积如山。有效的时间管理技巧可以帮助学生更好地利用时间，提高学习效率。其中，制订详细的计划和目标是关键的一步。学生可以将大的任务分解成小的子任务，并为每个子任务设定明确的时间限制和优先级，以便更好地掌控时间。此外，学生还可以利用时间管理工具，如日历、提醒软件等，来帮助他们更好地组织时间，提醒自己完成任务。另外，学会拒绝无关的活动和诱惑也是有效管理时间的重要技巧，可以帮助学生将更多的精力集中在重要的学习任务上。

其次，精力管理同样至关重要。随着学习任务的增加和压力的加大，学生往往容易感到疲劳和精力不足。因此，学生需要学会如何有效地管理自己的精力，保持高效的学习状态。其中，良好的生活习惯和健康的生活方式是非常重要的。充足的睡眠、均衡的饮食、适量的运动等都可以帮助学生提高身体素质，增加精力。此外，学会合理安排学习和休息时间也是精力管理的关键。学生可以采用番茄工作法等时间管理技巧，将学习时间分割成短暂的工作时间和休息时间，以保持精力的持久集中。

在信息爆炸的时代，学生面临着各种各样的干扰和诱惑，如手机、社交媒体等，这些都会影响到他们的注意力和学习效果。因此，学生需要学会控制自己的注意力，避免被外界干扰。首先，学生可以通过创造一个安静、整洁、无干扰的学习环境来帮助自己集中注意力。其次，学生可以采用一些注意力集中的技巧，如专注呼吸、设定学习目标、分解任务等，来帮助自己更好地保持注意力。另外，学会拒绝无关的干扰也是注意力管理的重要一环，学生可以用关闭手机、屏蔽社交媒体等方式来减少干扰，从而更好地专注于学习任务。

个人资源的管理对学生来说是非常重要的。通过合理规划时间、有效管理精力和注意力，学生可以更好地应对学业压力，提高学习效率，取得更好的学习成果。因此，学生应该重视个人资源管理，并不断学习和提升相关的管理技能，以应对日益增长的学习和生活压力。

第二节　家庭因素：家庭期望与经济状况

一、家庭期望与学业压力

家庭期望在学生的学业压力中扮演着重要角色，因为家长通常都会对子女有很高的期望。这种高期望不仅仅是对学业成绩的期望，还可能涉及孩子未来的职业选择、社会地位以及个人成就等方面。家长往往将自己的期望投射到子女身上，希望他们能够实现家庭的期望和理想。

这种高期望可能会对学生产生多方面的影响。首先，学生可能会受到家庭期望的影响而形成自我认知。他们可能会将家长的期望作为衡量自己价值的标准，如果不能达到家长的期望，就会感到自己不够优秀或者是失败者。这种自

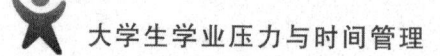

我认知可能会在学生心中形成一种焦虑情绪，因为他们担心自己无法满足家长的期望，从而产生自我怀疑和不安感。

家长的高期望可能会对学生的学习动机产生影响。在某种程度上，家长的期望可以成为学生努力学习的动力，激励他们去追求更好的成绩和更高的目标。然而，如果家长的期望过高，学生可能会感到压力过大，导致他们丧失学习的兴趣和动力。在这种情况下，学生可能会出现学习倦怠、逃避学习以及不良的学习行为，从而影响到他们的学业成绩和学习效果。此外，家长的高期望还可能会对学生的家庭关系产生影响。如果学生感到自己很难达到家长的期望，他们可能会感到与家长之间的关系紧张和不和谐。在这种情况下，家长和学生之间可能会出现沟通不畅、互相责备以及情绪冲突等问题，进一步加重学生的学业压力和心理负担。

因此，家长对子女的高期望往往是学生学业压力的重要来源之一。为了缓解这种压力，家长应该适度调整自己的期望，不要过分追求完美，给予学生足够的支持和鼓励，帮助他们树立正确的自我认知，培养积极的学习动机，促进家庭关系的和谐与亲密。同时，学校和社会也应该加强对学生心理健康的教育，帮助他们正确面对学业压力，提高应对压力的能力，从而实现健康、快乐的成功和成长。

二、经济状况对学业的影响

经济状况对学生学业的影响是一个广泛而深远的议题，在家庭经济条件不佳的情况下，学生往往需要通过兼职工作来帮助家庭或支付自己的学费和生活费用。这种额外的工作时间会占用他们原本用来学习的时间，从而导致学业压力的增加。与此同时，由于工作和学习之间需要平衡，他们可能无法集中精力进行学习，因此学习效率和成绩可能会受到影响。

而且，经济困难可能还意味着学生无法获得必要的学习资源和支持。例如，一些家庭可能无法负担购买昂贵的教科书、参加学习辅导班或者参与学术研究项目的费用。这就会使得这些学生在学习上处于不利地位，因为他们无法获得其他同学享有的额外学习资源和支持。这种不平等的情况可能会进一步加剧他们的学业压力,因为他们必须靠自己更加努力地去弥补这些资源的不足。

此外,经济困难还可能导致学生面临更广泛的心理压力和焦虑。他们可能担心自己的学业受到影响,无法达到家人或社会的期望。这种担忧和焦虑可能会影响到他们的学习状态和学习动力,甚至可能导致他们产生自我怀疑和自我否定的情绪。这些心理压力不仅会影响到学生的学业表现,还可能对他们的整体健康和幸福感造成负面影响。

除了直接的影响,家庭经济状况还可能影响到学生的生活环境和学习条件。例如,一些家庭可能无法提供良好的住房条件或者安全的居住环境,这会影响到学生的学习效果和学习积极性。另外,一些学生由于经济原因无法获得良好的营养和医疗条件,这也可能对他们的学业表现产生负面影响。因此,我们不能仅仅从学习角度来看待经济困难对学生的影响,还需要考虑到其可能对学生的整体生活和健康带来的影响。

经济状况对学生学业的影响是一个复杂而多方面的问题。较差的经济状况可能会导致学生面临更大的学业压力,因为他们需要承担额外的工作时间和经济负担,同时无法获得必要的学习资源和支持。而且,经济困难还可能影响到学生的心理状态、生活环境和健康条件,进一步加剧了他们的学业压力。因此,我们需要采取相应的措施来帮助这些处于经济困境中的学生,从而减轻他们的学业压力,促进他们的学业发展。这可能包括提供经济援助、提供学习资源和支持、提供心理健康服务等多方面的支持措施,以确保每个学生都有机会获得良好的教育和发展。

三、家庭支持系统的重要性

稳定和支持性的家庭环境在减轻学业压力方面扮演着至关重要的角色。家庭是孩子成长过程中最重要的社会化环境之一,家庭支持系统的存在对于孩子的健康发展至关重要。

首先,家庭成员的理解和支持可以帮助孩子更好地应对学业上的挑战。当孩子面对学习上的困难和压力时,他们往往需要一个可以倾诉和分享的地方,

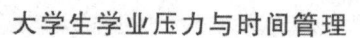

而家庭就是这样一个安全的港湾。家长和其他家庭成员可以倾听孩子的困扰，给予他们理解和支持，帮助他们找到解决问题的方法。通过与家人的沟通和交流，孩子可以获得情感上的支持和安慰，从而更好地应对学习中的挑战。

其次，家庭的支持和鼓励可以激发孩子的学习兴趣和动力。当孩子感受到家庭成员的支持和鼓励时，他们会更有信心去面对学习中的困难和挑战。家庭成员可以通过表扬孩子的努力和成就来增强他们的自信心，同时也可以给予他们适当的指导和建议，帮助他们不断提高自己的学习能力和成绩。家庭的支持和鼓励可以激发孩子的内在动力，使他们更加积极地投入学习，从而取得更好的成绩。

此外，家庭还可以为孩子提供一个积极的学习环境。一个稳定和支持性的家庭环境可以促进孩子的学习兴趣和动力，激发他们的学习潜力。家庭成员可以为孩子提供必要的学习资源和条件，如书籍、学习工具等，为他们的学习提供必要的支持和保障。同时，家庭也可以为孩子营造一个积极的学习氛围，鼓励他们与家人一起学习和交流，共同成长。通过家庭的努力和支持，孩子可以在一个积极的学习环境中健康成长，实现自己的学习目标。

家庭支持系统对于减轻学业压力、促进孩子的健康发展具有不可替代的作用。家庭成员的理解、支持和鼓励可以帮助孩子更好地应对学习中的挑战，激发他们的学习兴趣和动力，为他们的学习提供必要的支持和保障。因此，我们应该重视家庭支持系统的建设，为孩子营造一个稳定和支持性的家庭环境，帮助他们健康成长。只有在一个稳定和支持性的家庭环境中，孩子才能够充分发挥自己的潜力，实现自己的人生目标。因此，我们每个人都应该为家庭的和谐与支持做出努力，为孩子的成长和发展创造良好的条件。

四、家庭沟通方式与学业压力

家庭是学生成长过程中最重要的社会环境之一，家庭内部的沟通方式对学生的学业压力有着深远的影响。开放、正面的沟通方式可以促进家庭成员之间的情感交流和理解，从而有助于学生更好地应对学业压力。在这样的家庭环境中，家长和孩子之间能够相互支持和鼓励，孩子们也更愿意分享自己的困惑和挑战，从而获得家长的帮助和指导。这种积极的互动有助于建立学生对学习的积极态度和自信心，从而减轻学业压力的感受。

相反，如果家庭内部存在着负面或批评性的沟通方式，可能会加剧学生的学业压力。在这样的家庭环境中，家长可能会过分强调学习成绩和表现，从而对学生的要求过高，给予他们过多的压力和批评。在这种情况下，学生可能会感到自己无法满足家长的期望，产生焦虑和自卑情绪，从而导致学业压力的增加。此外，家长和孩子之间缺乏有效的沟通和理解，可能会导致家庭关系的紧张和疏远，进一步加剧学生的压力感受。

除了家长和孩子之间的沟通方式，家庭成员之间的互动和支持也对学生的学业压力产生影响。在一个支持和融洽的家庭环境中，家庭成员之间相互支持和鼓励，共同面对生活中的挑战和困难。在这样的家庭中，学生能够感受到家人的支持和理解，有助于他们更好地应对学业压力。相反，在一个不支持或冷漠的家庭环境中，家庭成员之间缺乏情感交流和支持，学生可能会感到孤独和无助，增加学业压力的负担。

因此，家庭内部的沟通方式和家庭成员之间的互动对学生的学业压力有着重要的影响。家长应该倾听和理解孩子的需求和感受，尊重他们的个性和选择，给予他们足够的支持和鼓励。同时，家庭成员之间应该建立良好的互动和支持体系，共同面对生活中的挑战和困难，从而帮助学生更好地应对学业压力，健康成长。

第三节　学校因素：学习环境与教育体制

一、课程难度与学业负担

学校课程的难度对学生的学业负担有着重要的影响。首先，课程设置的挑战性是一个关键因素。随着社会的发展，知识的更新换代速度越来越快，学校为了保持教育质量，只得不断地更新和提高课程难度。这意味着，学生需要有更多的时间和精力去学习和理解课程内容，而这也带来了更大的学业压力。

例如，高中生通常面临着升学考试的压力，他们需要学习包括数学、语文、英语、物理、化学、生物等多个科目，而每个科目的课程内容都相对复杂，需要大量的时间和精力去理解和掌握。

其次，作业量也是学生学业负担的一个重要组成部分。学生在学校通常需要完成大量的作业，这些作业不仅需要他们掌握课堂上学到的知识，还需要他们具备独立思考和解决问题的能力。作业量的增加会导致学生不得不花费更多的时间在学习上，从而减少他们的休息和娱乐时间，增加了他们的学业压力。举例来说，大学生可能需要完成每周的论文、报告、实验和项目等多种形式的作业，而这些作业往往需要他们花费大量的时间和精力去完成，给他们带来了巨大的压力。

考试频率也会影响学生的学习体验和压力水平。一些学校可能会采用频繁的考试来检验学生的学习成果，这意味着学生需要花费更多的时间和精力去复习和准备考试。而考试本身就是一种压力源，学生需要在有限的时间内完成大量的知识点，这给他们带来了巨大的心理压力。除了课程难度、作业量和考试频率，学生的个人因素也会影响他们的学业压力水平。例如，一些学生可能面临着家庭经济困难、人际关系问题、心理压力等外部因素的影响，这些因素都会加重他们的学业压力。因此，学校和教育机构应该认真考虑这些因素，合理安排课程设置和考试安排，减轻学生的学业压力，促进他们健康、快乐地成长。同时，学校还应该加强心理健康教育，帮助学生有效应对学业压力，保持心理健康。

二、教学方法与学生参与

当前教育体制中的教学方法对学生学业压力的影响是一个备受关注的话题。教师在选择教学方法时经常要考虑如何最大限度地激发学生的学习动力和兴趣，同时又不能增加他们的学习压力。

传统讲授式教学主要以教师为中心，教师在课堂上向学生传授知识，学生则被动地接受并记忆所学内容。这种教学方法的优势在于，教师可以更好地控制课堂进程，确保内容的传递和学习目标的达成。然而，其缺点也显而易见，学生缺乏主动参与的机会，容易出现学习动力不足的情况。他们可能会感到课堂单调乏味，缺乏学习的动力和兴趣，从而导致学习效果不佳。

相比之下，更互动、参与式的教学方法更注重学生的主动参与和合作学习。在这种教学方法中，教师通常会设计各种任务和活动，鼓励学生积极参与，并提供指导和反馈。学生之间也会进行讨论和合作，从而促进彼此之间的学习。这种教学方法强调学生的自主性和批判性思维能力，能够激发学生的学习兴趣和动力，提高他们的学习效果。但也可能增加他们的学业压力。首先，这种教学方法通常需要学生花更多的时间和精力去准备和参与课堂活动，可能会增加他们的学习负担。其次，参与式教学强调学生的主动参与和合作学习，这对一些学生来说可能是一种挑战，特别是那些比较内向或者学习能力相对较弱的学生，他们可能会感到压力增加，因为他们需要克服自己的困难和不安来积极参与课堂活动。

教师在选择教学方法时需要权衡各种因素，既要考虑到学生的学习动力和兴趣，又要考虑到他们的学习压力。在实践中，可以采取一些策略来缓解学生的学习压力，例如，在课堂上提供充分的支持和指导，鼓励学生互相合作，以及设计一些适合不同学生能力水平的任务和活动。通过这些努力，可以更好地平衡教学方法对学生学业压力的影响，从而提高他们的学习效果和学习体验。此外，教师还可以结合不同的教学方法，灵活地运用在课堂教学中。例如，可以采用"翻转课堂"的教学模式，让学生在课堂上进行更多的讨论和实践，而将知识的传授放在课堂之外。这样，学生在课堂上可以更多地参与和合作，提高他们的学习动力和兴趣，同时又不会增加他们的学习压力。

教学方法对学生学业压力的影响是一个复杂的问题，需要教师在实践中不断探索和尝试。通过合理地选择和运用恰当的教学方法，可以最大限度地激发学生的学习动力和兴趣，从而提高他们的学习效果和学习体验。

三、教师与学生关系

教师与学生之间的关系对学生的学习和发展至关重要。教师的教学风格、互动方式以及反馈方法都会直接影响学生的压力水平和学业表现。教师在教学过程中扮演着引导者、榜样和支持者的角色，他们的言谈举止不仅仅是传授知识，更是对学生整体发展的影响和塑造。

教师的教学风格对学生的压力水平有着直接的影响。教师的教学风格包括教学方法、教学态度以及对待学生的态度等方面。一个温和、平易近人的教师往往能够营造出融洽的教学氛围，让学生感到轻松和舒适。这样的教师会注重激发学生的兴趣和潜能，而不是一味地强调成绩和竞争。相反，如果教师采取严厉、苛刻的教学风格，过分关注学生成绩和纪律，可能会给学生带来沉重的压力，甚至引发焦虑和抑郁等心理问题。

教师与学生之间的互动方式也是至关重要的。一位善于倾听、尊重学生意见并与学生进行积极互动的教师，往往能够建立起良好的师生关系，让学生感到被理解和支持。通过与学生进行密切的互动，教师可以更好地了解学生的需求和困难，及时给予帮助和指导，从而减轻学生的压力。另外，教师还应该注重赞扬和鼓励，及时给予积极的反馈，帮助学生建立起自信心，激发他们的学习动力和潜能。

教师对学生学业表现的期望、沟通方式和支持程度也会直接影响学生的压力水平。教师对学生的期望过高或者过低都会给学生带来不同程度的压力。因此，教师应该根据学生的实际情况，制定合理的学习目标，并给予适当的支持和指导，帮助他们克服困难，取得进步。另外，教师的沟通方式也很重要，他们应该与学生进行及时、有效的沟通，解决学生在学习和生活中遇到的问题，鼓励他们敢于表达和思考，从而增强学生的自信心和学习动力。

教师与学生之间的关系对学生的压力水平有着深远的影响。通过采用温和、鼓励性的教学风格，建立良好的师生关系，并给予他们适当的支持和鼓励，教师可以帮助学生减轻压力，更好地应对学习和生活中的挑战，实现自身的全面发展。因此，我们应该不断探索和改进教师与学生之间的关系，为学生提供更好的学习环境和更多的发展机会。

四、课外活动与时间管理

在学校的教育环境中，课外活动的存在不仅丰富了学生的校园生活，也为他们的个人成长提供了不可或缺的机会。然而，这些活动在给学生带来乐趣和学习机会的同时，也对他们的时间管理能力提出了挑战。课外活动的多样性和时间要求，以及需要与学术要求相平衡的压力，都是学生需要认真考虑的问题。

课外活动的多样性是其吸引力所在，学生可以选择从体育到艺术，再到科技和社会服务等一系列不同的活动。这种多样性不仅让学生有机会探索和发展自己的兴趣和才能，还能帮助他们构建更广泛的社交网络。例如，参加体育活动可以培养团队合作和领导能力，而参与戏剧或音乐活动则可能激发学生对艺术的热爱并提升自信心。科技俱乐部或数学竞赛等活动，则可以增强学生的逻辑思维和解决问题的能力。社会服务活动如志愿服务则教会学生责任感和对社区的投入。

然而，这些活动的多样性同时也带来了时间管理上的挑战。每一项活动都有自己的时间要求，从定期的训练到比赛，从排练到表演，再到准备项目和参加会议。学生需要在这些活动和学术要求之间找到平衡点。他们必须学会合理地安排时间，以便能够同时应对学术任务和参与课外活动。这不仅需要良好的规划能力，也需要高效的时间管理技巧。例如，一个参加足球队的学生可能需要在放学后参加训练，然后回家完成作业。这样的安排要求学生能够迅速从体育活动的状态切换到学习模式，同时还要保持精力和专注力。

为了有效地管理时间，学生需要发展一套策略。这可能包括制定详细的日程表，优先考虑任务和活动，以及学习如何说"不"。有时，这可能意味着不得不放弃一些课外活动，以便专注于学术成绩或其他更为重要的事务。这种决策过程不仅有助于学生学习如何平衡不同的责任和兴趣，还能帮助他们认识到时间的宝贵和个人能力的限制。

在这个过程中，学校的角色非常重要。学校需要提供一个支持性的环境，鼓励学生参与课外活动，同时也要确保这些活动不会对学生的学术表现产生负面影响。教师和课外活动的指导员可以协助学生制订时间管理计划，并提供必要的指导和支持。例如，教师可以在布置作业时考虑到学生的课外活动时间，而活动指导员则可以在安排活动时考虑到学生的学术需求。

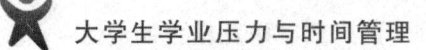

除了学校的支持，家庭也扮演着关键角色。家长可以通过与孩子讨论他们的兴趣和优先级，帮助他们做出合理的决策。家长还可以监督孩子的日程安排，确保他们有足够的时间休息和放松。通过家庭和学校的共同努力，学生可以学会如何在忙碌的学习和活动中找到平衡，发展出强大的时间管理能力。

课外活动在学生的教育和个人发展中起着至关重要的作用。它们提供了学习新技能、发展兴趣和建立友谊的机会。然而，这些活动也对学生的时间管理能力提出了挑战。通过有效的规划和平衡，以及学校和家庭的支持，学生可以在享受课外活动乐趣的同时，也能保持学术成绩的稳定。这种平衡是一项重要的生活技能，不仅对学生当前的学术和个人成长有益，也为他们未来的职业和生活打下了坚实的基础。

五、资源与支持系统

在学术界，提供资源和支持系统对于塑造学生的经历和成果至关重要。这些资源，包括图书馆、辅导服务和心理健康支持，不仅仅是便利设施，而是能够显著影响学生应对学业压力和挑战能力的关键工具。

学校图书馆通常被视为学术资源的核心，对学生的成功发挥着关键作用。一个设备齐全且技术先进的图书馆不仅提供了丰富信息的获取途径，而且营造了有利于学习和研究的环境。图书馆藏书的质量——包括书籍、期刊和数字资源——可以极大地影响学生学术探索的深度和广度。此外，图书馆还经常提供研究方法和学术写作的工作坊和研讨会，这对那些在复杂学术要求中挣扎的学生来说是非常宝贵的。在那些资金不足或缺乏最新、全面资源的图书馆中，学生可能会发现自己在获取信息和学习资源方面存在障碍。

辅导服务也是支持学生学术成长的一个关键环节。专业的辅导能够帮助学生在困难的学科中找到突破口，或是在学习技巧和时间管理方面提供指导。优秀的辅导服务不仅包括学科知识的传授，还包括学习方法和策略的指导。这种个性化的支持对于那些在特定学科上有困难的学生尤为重要。然而，辅导服务的有效性在很大程度上取决于其可获得性和质量。在资源有限的情况下，学生可能难以获得所需的个别辅导，这可能导致他们在学业上的挣扎。

心理健康支持在当代学术环境中愈加显得重要。学术压力、个人问题和未来的不确定性都可能对学生的心理健康产生负面影响。提供专业和及时的心理健康服务不仅能帮助学生应对压力，还能促进他们的整体福祉。有效的心理健康支持应包括个人咨询、小组疗法和工作坊等多种形式。不幸的是，心理健康服务经常面临着资源不足和可获得性的问题，这限制了它们对于需要帮助的学生群体的实际影响。

资源和支持系统的可获得性和质量对学生应对学业挑战的能力产生深远影响。在资源充足、易于获取的环境中，学生更有可能找到解决学术困难的方法，并维持良好的心理健康状态。相反，当这些资源有限或难以获得时，学生可能会感到不知所措，从而影响他们的学业成绩和整体福祉。

因此，学校和教育机构必须认识到提供高质量的学术资源和支持系统的重要性，并努力确保这些资源对所有学生都是可获得的。这不仅涉及资金的投入，还涉及对学生需求的持续评估和对服务的及时调整。通过这些方式，学校可以为学生创造一个更加支持和充实的学习环境，从而帮助他们在学术上取得成功。

第四节　社会因素：就业压力与社会比较

一、就业市场竞争

在当今社会，就业市场的竞争性对大学生的学业压力产生了深远的影响。随着全球化的加速和科技的不断进步，职业市场变得更加多元化和竞争激烈。特别是在高薪职位和知名公司的就业机会有限的背景下，大学生面临着巨大的挑战，不得不提升自己的学术水平和职业技能以应对这一挑战。

就业市场的竞争性使得大学生对未来的职业生涯感到焦虑。许多学生都能感受到，仅仅拥有一份学位证书已不足以保证他们能够在激烈的就业市场中脱颖而出。这种焦虑促使他们不断提升自己，包括获取更高的学术成绩、参与各种实习和志愿活动、学习额外的技能等。这些额外的压力不仅增加了学生的负担，还可能影响他们的心理健康和总体福祉。

就业市场的激烈竞争还导致了"技能升级"的现象。许多大学生认为，他们需要掌握更多技能和知识，才能在毕业后找到理想的工作。因此，他们可能会参加各种培训课程和研讨会，以增强自己的职业技能。这种对技能升级的追求可能会导致学生在学习和工作之间难以找到平衡，从而增加他们的压力。

再者，竞争激烈的就业市场还促使大学生更加注重实习和工作经验。许多学生认为，拥有相关的工作经验可以使他们在求职过程中更具竞争力。因此，他们可能会在学习期间寻找实习机会，或者在假期参加工作。这种对实习和工作经验的追求可能会分散学生的注意力，影响他们的学习效果。

就业市场的竞争性也影响了大学生对职业选择的态度。在过去，许多学生可能会根据自己的兴趣和激情来选择职业。然而，在当前的就业市场环境下，许多学生可能会被迫选择那些更有可能带来就业机会的职业领域。这种现实的压力可能会让学生放弃他们真正热爱的领域，从而影响他们的职业满意度和长期的职业发展。

就业市场的竞争性对大学生的学业压力产生了很大的影响。这不仅增加了学生的学习和工作负担，还可能影响他们的心理健康和职业选择。因此，社会和教育机构需要采取措施，帮助学生更好地应对这些挑战，如提供职业规划和心理健康支持等。只有这样，学生才能在竞争激烈的就业市场中找到自己的位置，实现个人和职业的发展。

二、职业前景的不确定性

在当今这个充满变化的时代，职业前景的不确定性已成为学生面临的一个巨大挑战。随着经济的波动和行业趋势的快速变化，就业市场展现出前所未有的不稳定性。这种不稳定性不仅来源于经济周期的自然波动，还来源于技术革新和新兴行业的迅猛发展，它们正在深刻地改变职业生涯的轨迹和未来的就业格局。

就业市场的不稳定性给学生带来了极大的压力。在过去，一份稳定的工作几乎可以保证个人的职业生涯平稳发展，但现在，即便是最稳固的行业也面临着裁员、重组甚至倒闭的风险。这种不稳定性使得学生在选择专业和职业道路时感到迷茫和焦虑。他们不仅要考虑自己的兴趣和能力，还必须考虑行业的未来趋势和就业前景。因此，许多学生在大学期间就开始为就业做准备，通过实习、参加工作坊和培训课程来提高自己的竞争力。

与此同时，新兴行业的崛起也带来了职业角色的变化。例如，随着互联网技术的发展，数字营销、大数据分析、人工智能等领域出现了大量新的职业机会。这些新兴领域对专业技能的要求往往与传统行业大不相同，导致学生在职业选择上面临更多的不确定性。他们不仅要学习新的技术和工具，还要不断更新自己的知识和技能，以适应不断变化的职业需求。

技术变革同样对职业前景产生了深远的影响。随着自动化和人工智能技术的发展，许多传统的工作岗位正在消失，而新的岗位则要求更高的技术技能。这种变化迫使学生必须具备跨学科的知识和技能，以适应多变的职业环境。同时，技术变革也带来了工作性质的变化，比如，远程工作和灵活的工作安排，这为学生提供了更多的职业选择，但同时也增加了他们在职业规划上的不确定性。

面对这些挑战，学生需要培养更强的适应能力和灵活性。他们需要了解不同行业的发展趋势，积极掌握新技术和新技能，同时也要培养良好的人际沟通和团队协作能力。此外，终身学习已成为适应快速变化的职业环境的关键。学生必须意识到，学习不仅仅是在校期间的事情，而是一个持续的过程，需要贯穿在整个职业生涯中。

职业前景的不确定性虽然给学生带来了压力和挑战，但同时也为他们提供了机会。在这个充满变化的时代，只有不断学习、适应变化并积极探索的人才能够在职业生涯中取得成功。学生需要学会如何在不确定性中找到自己的道路，抓住机遇，不断前进。

三、社会期望与比较

在当今社会，高学历和成功职业的期望对学生造成的压力已成为一个不容忽视的问题。这种压力来源于多方面，包括家庭、社区以及同龄人之间的比较，而社交媒体和其他渠道的影响也不容小觑。

许多家长希望子女能够在学业上取得优异成绩，进入名牌大学，未来拥有一份体面且高薪的工作。这种期望往往源于家长对子女的爱和对美好未来的憧憬，但同时也可能因为家长自身未能实现的梦想或是周围人的影响。在这样的家庭环境中，孩子常常会感受到巨大的压力，他们不仅要满足家长的期望，还要在竞争激烈的环境中保持优势。

此外，社区对个人的期望也不容小觑。在许多人的认知中，一个人的学历和职业成就被视为家庭荣誉的象征，因此社区成员往往会对他人的成就进行评价和比较。这种比较可能是直接的，例如，在家庭聚会或社区活动中对他人的成就进行讨论，也可能是间接的，如通过孩子在学校的表现来衡量。这样的社区环境使得学生感到他们不仅要为自己，也要为家庭的荣誉而努力。

社交媒体和其他渠道上的同龄人比较也是压力的一个重要来源。在社交媒体上，人们往往只展示生活中最光鲜的一面，包括学业成就、职业成功或其他各种成就。这使得学生容易陷入不断比较的陷阱，认为自己与同龄人相比不够优秀。这种比较往往是不公平的，因为它忽略了每个人背后的故事和挑战，只看到了表面的成功。然而，不断的比较和追逐会给学生带来极大的心理压力，影响他们的自尊心和幸福感。

这种由社会期望和比较造成的压力对学生的心理健康有着深远的影响。它可能导致焦虑、抑郁以及其他心理健康问题。学生可能会感到不断的焦虑和紧张，担心自己无法达到期望，或者担心在激烈的竞争中落后。长期的心理压力还可能导致身体健康问题，如睡眠障碍、消化系统问题等。

为了应对这种压力，学校和家长需要采取积极的措施。学校可以提供心理健康教育和心理咨询服务，帮助学生应对压力和焦虑。家长则需要给予孩子理解，每个孩子都有其独特的能力和潜力，不应该将他们与其他人进行不公平的比较。更重要的是，社会需要建立一种更加包容和理解的文化，认识到每个人都有自己的价值和成就，而不是仅仅通过学历和职业成功来评价一个人。

社会对高学历和成功职业的期望给学生带来的压力是复杂且多面的。它涉及家庭、社区以及同龄人之间的相互作用，也与社会文化和价值观念有关。为了帮助学生健康成长，社会各界需要共同努力，创造一个更加支持和理解的环境。

第三章 时间管理的基本原理

在现代社会，时间管理已成为提高个人和组织效率的关键因素。本章旨在全面解析时间管理的基本原理，通过4个关键部分，揭示其深层含义及实践价值。首先，探讨时间管理的定义与重要性，强调其在日常生活和职业发展中的核心地位。其次，深入时间管理的心理学基础，分析个体行为与时间感知之间的复杂关系。再次，集中讨论时间管理的策略与技巧，提供具体方法以优化时间利用。最后，识别和解决实施时间管理过程中的潜在障碍。通过这一章的学习，读者将获得宝贵的洞见，从而可以更有效地掌控自己的时间和生活。

第一节 时间管理的定义与重要性

一、时间管理的定义

时间管理，这个看似简单却深奥的概念，实际上是现代生活中不可或缺的一项重要技能。不仅仅是对时间的简单规划，它更像是一门艺术，涉及优先级的设定、决策的制定以及目标的规划，旨在通过高效利用时间来提高个人和团队的效率和生产力。

时间管理并不单纯是指将日常活动按时刻表安排好，而是一种更为全面和深入的计划和控制时间使用的过程。这一过程要求人们对自己的时间有充分的自觉认识，了解自己在一天中的高效时间段，以及如何在这些时段内高效完成工作和生活中的各项任务。

在时间管理的实践中，优先级的设定是一个核心环节。这意味着需要区分任务的紧急性和重要性，将有限的时间资源合理分配给那些最为关键的任务。比如，对一个项目经理来说，完成项目的关键里程碑比回复电子邮件更为重要

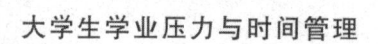

和紧急。对任务进行这样的分类，可以有效避免时间被不重要的事务所占用。

决策制定是时间管理中另一个重要方面。在面对多项任务和活动时，如何快速而有效地做出决策，将直接影响时间的利用效率。这就要求在时间管理中不仅要有明确的目标，还需要具备快速识别和解决问题的能力。例如，当一个任务突然变得不再重要时，能够迅速调整计划，并将精力转移到更重要的任务上。

目标规划则是时间管理的另一要素。它涉及对个人或团队长远目标的设定，并将这些目标细化为可操作的小步骤。这种方法不仅有助于清晰地理解目标，而且通过将大目标分解为一系列小目标，使得时间管理变得更为可行和高效。例如，一个作家在写作一本书时，可以将整个写作过程分解为研究、大纲制作、草稿撰写、修订等多个阶段，每个阶段都有明确的时间安排和目标。此外，有效的时间管理还需要良好的自我约束和执行力。这意味着在设定了时间表和目标之后，需要具备坚持执行的能力。在日常生活中，常常会遇到各种干扰和诱惑，如何在这些干扰中坚持原有的计划，是时间管理成功的关键。

当然，时间管理不是一成不变的。它需要根据个人的工作习惯、生活方式以及所处的环境进行灵活调整。例如，对于那些需要频繁应对突发事件的职业——如医生或新闻记者——他们的时间管理方式会与那些有固定工作模式的职业大不相同。

时间管理是一门需要终身学习和实践的技能。它不仅仅是关于如何高效地使用时间，更是关于如何平衡工作和生活、提高生活质量的艺术。通过有效的时间管理，个人可以实现更高的工作效率，团队可以理解时间的价值，并在此基础上做出合理安排和调整。

二、提高生产力和效率

在当今快节奏、高效率的工作环境中，提高生产力和工作效率已成为个人和组织追求的重要目标。尤其是在面对紧迫的截止日期和多项任务处理时，如何通过合理地安排时间和资源来有效提升个人的工作效率，成为一门值得深入研究的艺术。

第三章 时间管理的基本原理

时间管理是提高效率的关键。有效的时间管理不仅仅是关于"做正确的事",更重要的是"正确地做事"。这意味着需要对时间进行合理规划和分配,确保每一项任务都能在最佳时间内完成。例如,可以通过设定具体的工作时间表来规划每天的工作。这不仅包括工作任务,还应该包括休息时间,因为适当的休息对于保持高效工作至关重要。

接下来,设定优先级是提高效率的另一个重要方面。在面对多任务时,正确识别哪些任务是最重要和紧急的,可以帮助个人更高效地分配时间和资源。例如,通过使用爱森豪威尔矩阵,可以将任务划分为四类:重要且紧急、重要但不紧急、不重要但紧急、不重要也不紧急。通过这样的分类,可以更容易地识别哪些任务应该优先处理,哪些可以推迟或者委托给他人。而减少干扰和提高专注力也是提高工作效率的关键。在多任务处理的环境中,干扰尤其成问题。例如,不断的电子邮件通知、电话铃声或同事的打扰都可能严重影响工作效率。为了减少这些干扰,可以设定特定的工作时间,在这段时间内尽量减少不必要的干扰,如关闭电子邮件通知,将手机调至静音模式等。

与此同时,有效利用技术工具也可以显著提高工作效率。现代技术提供了许多可以帮助提高效率的工具和应用程序,例如,时间管理应用、项目管理软件、自动化工具等。通过使用这些工具,可以更容易地跟踪任务进度、设置提醒、自动化重复性任务,从而节省时间和提高工作效率。此外,合理分配资源也是提高效率的重要方面。这包括物质资源和人力资源的合理分配。例如,确保有足够的办公用品和设备可以减少工作中的延误;合理安排团队成员的工作,确保每个人都在做他们最擅长的工作,也可以提高团队的整体工作效率。

持续学习和改进是提高生产力和效率的永恒主题。通过不断学习新的技能和方法,可以不断提高个人的工作效率。此外,通过定期反思和评估自己的工作方法,识别效率低下的原因,并进行相应的调整,也是提高工作效率的重要途径。

提高生产力和效率包含多种因素,需要从时间管理、设定优先级、减少干扰、利用技术工具、合理分配资源以及持续学习和改进等多方面综合考虑。通

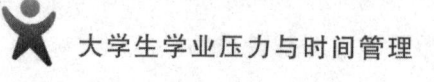

过对这些方法的有效运用，可以显著提高个人的工作效率，特别是在面对紧迫截止日期和多任务处理时，这些方法尤为重要。

三、减少压力和焦虑

在现代社会，人们的生活节奏不断加快，工作和学习中的压力与日俱增。面对繁重的任务和紧迫的截止日期，很多人常常感到焦虑和不安。然而，有效的时间管理技巧可以在很大程度上减轻这些负面影响，帮助人们更加平和地应对生活中的挑战。

合理的时间规划是减轻压力的关键。通过制订明确的计划和目标，个人可以更有效地安排自己的时间，避免因为临时抱佛脚或者计划不周导致的焦虑。例如，一个学生可以在学期开始时就制订出详细的学习计划，包括每天的学习时间、每周的复习内容以及每个月的考试准备。这样，当考试临近时，他就不会感到手足无措了，因为他已经按照计划逐步准备好了。

预见性安排对于减轻紧急情况的发生同样重要。在日常生活中，总会有一些突发事件打乱原有的计划。因此，保留一些时间用于处理这些意外情况是非常必要的。比如，一个项目经理在制订项目计划时，可以预留一些时间用于解决可能出现的技术问题或协调工作。这样即使出现了意外，也不会对整个项目造成太大的影响，从而减少因紧急情况带来的压力和焦虑。

在实施时间管理时，还需要注意几方面。首先，目标设定要现实可行。如果目标过于宏大或不切实际，就很容易因为达不到预期而感到挫败。其次，要学会优先级排序。区分任务的紧急程度和重要性，优先处理那些既紧急又重要的任务，然后再安排其他事项。此外，保持灵活性也很重要。计划总是赶不上变化，因此在制订计划时要留有调整的余地，以适应不断变化的情况。

有效的时间管理还包括良好的自我监控。这意味着，个人需要定期检查自己的进度，看看是否按照计划在推进。如果发现计划有偏差，及时调整是非常必要的。这样做不仅可以保证任务的顺利完成，也可以帮助个人了解自己的工作习惯和效率，从而在未来做出更好的计划。

时间管理不仅仅是一种技巧，更是一种生活方式。它要求个人对自己的时间有充分的认识和尊重。只有当人们意识到时间的宝贵，才能更加珍惜每一分每一秒，高效地利用时间。这样不仅能提高工作和学习效率，还能让生活更加有序和宁静。

时间管理在减少工作和学习中的压力和焦虑方面发挥着至关重要的作用。通过合理规划和预见性安排，人们可以有效地减少紧急情况的发生，从而减轻心理负担。同时，良好的时间管理还能帮助人们更好地认识和利用时间，提高生活质量。因此，培养时间管理能力，不仅对个人的工作和学习有益，对提升生活的幸福感和满足感也至关重要。

四、增强工作与生活的平衡

在快节奏、高压力的现代社会中，工作与生活的平衡成为人们普遍关注的话题。如何在紧张的工作、学习与个人生活之间找到平衡点，不仅是个人效率提升的关键，也是提高生活质量的重要途径。其中，时间管理无疑是实现这一目标的有效工具。

时间管理并不是简单地划分时间，而是要在认识到时间的有限性和宝贵性的基础上，合理规划和利用时间。在工作中，良好的时间管理能帮助个人更高效地完成任务，减少因工作积压或延误带来的压力。例如，通过制订清晰的工作计划和优先级，可以确保重要且紧急的任务得到优先处理，同时也为不那么紧急的任务留出足够的时间。此外，合理地安排工作时间，比如，设定工作时间的起止点，避免加班成为常态，这不仅有助于保持工作的效率和质量，也为个人生活留出必要的时间。

在学习方面，时间管理的重要性同样不言而喻。合理安排学习时间，确保有足够的时间来消化和理解知识，而不是简单地追求学习时长。此外，将学习时间与休息时间合理分配，可以避免过度疲劳，提高学习效率。例如，可以采用番茄工作法，即 25 分钟集中学习，随后休息 5 分钟，这样既能保持注意力集中，又能有效避免疲劳。

在个人生活方面，时间管理则更多地体现在如何平衡工作与生活的需求上。在紧张的工作和学习之余，留出时间用于休息和娱乐，对于保持良好的身

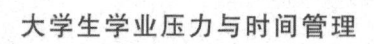

心健康至关重要。例如，可以在每天的工作或学习后安排一段属于自己的时间，用于运动、阅读或与家人朋友相聚。这样不仅可以放松身心，还能增进与家人、朋友的关系，提高生活幸福感。

有效的时间管理还意味着要学会拒绝一些不必要的事务和干扰。在日常生活中，常常会有各种突发事件或邀请打扰我们的计划，学会适时地说"不"，保持对自己时间的控制，是时间管理的重要一环。此外，避免拖延，合理安排事务的优先级，也是提高时间利用效率的关键。

需要指出的是，时间管理并不意味着将每一分每一秒都安排得满满当当，而是要在效率和放松之间找到平衡。过度的工作和学习会导致疲劳和压力，而合理的休息和娱乐则能为工作和学习带来新的活力。因此，学会有效管理时间，不仅能提高工作和学习的效率，还能创造更多的时间用于个人生活，从而提高整体的生活质量。

第二节 时间管理的心理学基础

一、动机理论与时间管理

动机，作为驱使个体行动的内在力量，可以分为内在动机和外在动机。内在动机源于个体内部的兴趣或满足感，如对某个领域的热爱或对个人成长的追求，而外在动机则通常与外部奖励，如金钱、评价或社会地位的提升相关。时间管理，作为一种旨在有效利用时间以提高生产力和效率的策略，与个体的动机紧密相连，尤其是内在动机。

对许多人而言，时间管理并非仅仅是一种技能或工具的应用，而是一种艺术，需要深刻理解自我动机的本质。有效的时间管理依赖于个体的自我驱动力，这种驱动力往往源于对所从事活动的真正兴趣和热情。例如，一个对学习充满热情的学生可能会自然而然地制订出高效的学习计划，因为他们的内在动机促使他们主动寻求知识和技能的提升。同样，一个对工作充满热情的职员可能会更加高效地管理工作任务，因为他们看到的不仅仅是任务完成的外在奖励，还有通过工作实现个人价值和满足感的机会。

然而，提高内在动机并非易事，这需要个体深入探索自己的兴趣、价值观和生活目标。一旦个体能够识别出真正激发自己热情的领域，他们就更有可能投入时间和精力，发展出有效的时间管理策略。这是因为内在动机提供了一种内部的推动力，使个体即使面对挑战和困难，也能持续前进，有效利用时间。

在此过程中，个体可以采取多种策略来增强内在动机。例如，设置与个人价值观和兴趣相关的目标，可以增加任务的吸引力，从而提高个体完成任务时的投入度和效率。此外，通过自我反思，识别并消除那些阻碍时间管理的外部和内部障碍，如分心的环境因素或消极的自我对话，也极为重要。个体还可以通过寻求反馈和庆祝成就来增强内在动机，这有助于构建一种积极的循环，使个体在实现目标的过程中感受到成就感和满足感。

值得注意的是，外在动机也在时间管理中扮演着角色，尽管其影响力与内在动机相比略显不同。外在奖励，如金钱、晋升机会或社会认可，确实可以激励个体在短期内提高效率和生产力。然而，这种类型的动机往往不具有持久性，一旦外在奖励消失，个体的动力也可能随之减弱。因此，虽然外在动机可以作为激励措施的一部分，但培养内在动机对于实现长期和持续的时间管理效果更为重要。

通过将时间管理与个体的内在与外在动机相结合，我们可以获得一个更加全面的视角，理解个体如何通过提高内在动机来更有效地管理时间。内在动机的提高不仅促进了个体对时间的有效利用，也为他们提供了实现个人和职业目标的强大动力。因此，在追求高效时间管理的道路上，深入探索和培养内在动机是不可或缺的一环。通过这种方式，时间管理变得不仅仅是一种技能的应用，而是一种生活方式的体现，这反映了个体对生活的热爱和对时间的尊重。

二、自我效能感与时间规划

在现代社会的快节奏中，个人的时间管理能力显得尤为重要。能否有效地规划和利用时间，往往决定了个人在学习、工作及生活各方面的成就与满意度。在众多影响时间管理能力的因素中，自我效能感，即个人对自己完成任务

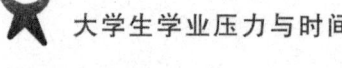

的能力的信念，起着不容忽视的作用。这种心理状态不仅影响个人设定目标的高低，还影响到实现这些目标的能力。

自我效能感的概念是由心理学家班杜拉在20世纪70年代提出的，它描述了个人对自己执行特定任务的能力的信念程度。班杜拉认为，自我效能感不仅影响个人的行动选择、努力程度及坚持面对困难的决心，还影响个人如何感知自己及其环境，如何解释成功与失败。自我效能感高的人更倾向于将挑战作为需要克服的障碍看待，而非不可逾越的威胁。

当涉及时间管理时，自我效能感的作用不可小觑。个人对自己管理时间和完成任务的能力有信心时，更可能设定具体、可实现的目标，并采取有效的策略来实现这些目标。例如，一个自我效能感强的学生可能会信心满满地制订一个复习计划，相信自己能够遵循这个计划，在期末考试中取得好成绩。相比之下，自我效能感低的学生可能会因为缺乏信心而迟迟不能开始复习，或者在遇到困难时轻易放弃。

自我效能感还直接影响个人对时间的感知和使用。高自我效能感的个体往往能更准确地估计完成任务所需的时间，因为他们对自己的能力有一个清晰的了解，并且能够根据自己的经验调整时间估计。这种准确的时间感知使得他们在任务规划和执行过程中，能够更有效地分配时间，避免因时间估计不准确而导致的紧急情况。此外，他们也更能识别和利用时间管理的策略，如优先级排序、任务分解等，以提高工作或学习的效率。

进一步来说，高自我效能感的人在面对任务时，往往能保持更高的动机和持久性。他们相信自己能够通过努力克服困难，即使在遇到挫折时也不轻易放弃。这种积极的心态有助于他们更好地应对时间管理中的挑战，如紧迫的截止日期、突如其来的任务等。与此同时，他们也更倾向于从失败中学习，而不是让失败削弱自己的自我效能感。这样的学习态度，使得他们在时间管理上不断进步，形成积极的循环。值得注意的是，自我效能感并非是一成不变的。它可以通过经验、他人的反馈以及个人的情绪状态等因素受到影响。因此，培养高自我效能感成为提高时间管理能力的一个重要途径。个人可以通过设定并达成小目标、寻求积极的反馈、观察他人的成功经验，以及管理自己的情绪等方式来提高自我效能感。

自我效能感在个人时间管理能力的发展中起着核心作用。高自我效能感不仅有助于更好的任务规划和执行，还促进了个人在面对挑战时的韧性和学习能力。通过理解自我效能感的影响并采取措施提高自我效能感，个人可以在时间管理上取得更大的进步，从而在学习、工作及生活各方面实现更高的成就和满意度。

三、压力与时间感知

自我效能感，源自社会认知理论，指的是个体对自己完成特定任务或达成目标的能力持有的信念。这种信念并非空穴来风，而是建立在过去的经验、他人的反馈、情绪状态以及身体感受之上。一个人的自我效能感高低，在很大程度上影响着其行为的选择、投入的努力程度以及面对困难时的坚韧性。

时间管理能力是个体有效规划和组织时间以完成任务和达成目标的能力。它包括设定明确的目标、优先级排序、制订计划、执行计划以及监控和反思过程的能力。时间管理能力对于提高工作效率、减少压力、增加个人和职业满意度至关重要。

自我效能感与时间管理之间存在着密切的联系。高自我效能感的个体倾向于相信自己有能力有效地管理时间和完成任务。这种信念促使他们在面对挑战时更加积极主动，更愿意选择复杂或困难的任务，并且在执行过程中展现出更高的持久性。相反，低自我效能感的个体可能会对自己的能力持怀疑态度，从而避免面对挑战，或在遇到困难时轻易放弃。

高自我效能感的个体在时间规划和执行方面展现出的积极特质，具体体现在几方面。首先，他们在设定目标时更加自信和明确。他们倾向于设定具有挑战性但又可实现的目标，这些目标既可以激励他们，又能够在实现的过程中增强他们的自我效能感。其次，这些个体在制订计划时更为细致和周到，他们会考虑到各种可能的障碍和解决方案，从而在执行过程中能够更加灵活地调整策略以应对突发状况。此外，高自我效能感还与良好的自我监控能力相关联，这意味着，个体能够有效地跟踪自己的进度，及时调整计划以确保目标实现。

在实践中，提高自我效能感对于增强时间管理能力尤为重要。个体可以通过多种方式来提升自我效能感，例如，通过设置并实现小目标来积累成功的经验，通过寻求他人的正面反馈来增强信心，或是通过观察他人的成功案例来激发自我激励。此外，学习和运用有效的时间管理技巧，如优先级排序、断断续续的番茄工作法（Pomodoro Technique）以及有效的任务分解，也能够在实践中增强个体对自己管理时间能力的信心。

自我效能感与时间管理能力之间存在着深刻的互动关系。高自我效能感不仅促进了更好的任务规划和执行，还增强了个体面对挑战时的坚韧性和适应性。因此，通过提升个体的自我效能感，可以在根本上增强其时间管理能力，进而提高生活和工作的质量。在这一过程中，个体需要意识到自我效能感的重要性，并采取积极的策略来培养和维持高水平的自我效能感，以便更有效地规划和利用时间，实现个人和职业生活中的目标。

第三节　时间管理的策略与技巧

一、目标设定与优先级划分

在追求成就和个人发展的旅程中，设定明确且可实现的目标以及学会区分任务的优先级显得至关重要。这不仅有助于清晰规划未来的道路，还能有效提高个人的执行力和成就感。对那些渴望在生活中取得进步的人来说，理解并应用SMART目标设定法则变得尤为重要。SMART是一个缩写词，代表具体（Specific）、可衡量（Measurable）、可达成（Achievable）、相关（Relevant）和时限性（Time-bound）。这一法则提供了一个清晰的框架，帮助人们设定能够实际执行并成功实现的目标。

设定具体的目标是成功的第一步。这意味着目标需要足够明确，让任何人都能理解目标的具体含义。例如，一个具体的目标是："我计划每周进行三次，每次30分钟的中等强度运动。"而不是简单地说："我想要变得更健康。"这种具体性帮助个体明确他们需要采取的行动步骤，从而更容易跟踪进度并实现

第三章 时间管理的基本原理

目标。

可衡量性是目标设定中的另一个关键要素。一个目标如果无法衡量，就很难确定是否已经实现了。在前面的例子中，通过设定每周进行三次运动这一可衡量的标准，个人可以轻松跟踪自己的活动频率，确保他们在朝着目标前进。可衡量的目标还有助于激励人们，因为他们可以看到自己的进步和成就。

确保目标是可达成的同样重要。设定一个过于雄心勃勃的目标可能会导致挫败感和放弃。相反，目标应该是具有挑战性的，但同时又是可以实际达成的。这要求个人对自己的能力和资源有一个现实的评估。例如，如果某人从未锻炼过，突然计划每天进行一小时的高强度训练可能是不现实的。相反，从较小的、可管理的目标开始，然后逐步增加难度，可能更有助于长期的成功。

目标的相关性也不可忽视。这意味着所设定的目标应该与个人的长期愿景和价值观相符。一个与个人的生活目标和愿望不一致的目标，即使达成了，也不太可能带来满足感或幸福感。因此，设定目标之前，深入思考这个目标对实现个人愿景的重要性是非常必要的。

为目标设定一个明确的时限。这创建了一种紧迫感，促使个人采取行动。同时，时限性也为目标的实现提供了一个可衡量的框架，有助于保持动力和关注。设定时间限制时，重要的是要依据现实并考虑到可能出现的任何障碍或挑战。

将大目标分解为小步骤是另一个关键策略，它可以使目标看起来更加可管理，减少感到不知所措的风险。例如，一个大目标是在一年内完成一场马拉松比赛，那么这个目标可以分解为更小的步骤，如开始进行定期跑步、逐渐增加距离、参加短跑比赛等。每完成一个小步骤，都是朝着最终目标迈进的一大步，同时也为个人提供了成就感和动力。此外，了解如何区分任务的优先级对于有效地管理时间和资源至关重要。这通常意味着识别哪些任务是最紧急和最重要的，哪些可以稍后处理，或者甚至可以不做。这种能力不仅可以帮助个人更有效地实现目标，还可以减少压力，提高生活和工作的质量。

通过设定 SMART 目标，并将大目标分解为小步骤，个人可以更有效地规划和实现他们的梦想。同时，学会区分任务的优先级有助于保持焦点和动力，确保资源被有效利用。虽然这个过程可能需要时间和练习，但掌握这些技能将极大地提高个人的成功概率，无论是在职业发展、个人健康还是生活满意度方面。

二、日程规划与任务分配

在这个快节奏的世界中，有效地规划日程和分配任务是实现个人和职业目标的关键。对许多人来说，时间管理不仅仅是一个技巧，而且是一种艺术，需要通过实践和精细调整来掌握。理想的日程规划能够确保一个人能够有效利用时间，同时也为休息和娱乐留出空间，维持生活和工作的平衡。

合理安排每日或每周的任务首先需要对自己的时间有一个清晰的认识。这意味着要意识到一天或一周中可用于工作和休息的时间总量，并根据这个总量来规划活动。一个有效的方法是在每周开始时，思考即将到来的一周你需要完成的任务和你希望达成的目标。在这个过程中，将任务按照优先级排序至关重要，确保最重要和最紧迫的任务能够得到首先处理。

使用日历和待办事项列表是管理和分配任务的强大工具。日历不仅可以帮助你记录重要的日期和会议，还能让你对你的时间有一个宏观的把握。在日历上标注重要的截止日期和事件，可以帮助你在时间规划上保持前瞻性和主动性。而待办事项列表则能够提供一个更为具体和灵活的任务跟踪方式。将任务细分为可管理的小块，并将它们列入清单，不仅可以帮助你保持组织性，还能在完成每一项任务时给予你成就感。

时间表则是另一个极具价值的工具，它能够帮助你将时间分配给具体的活动和任务。创建时间表，不仅意味着要为工作分配时间，也意味着要为休息和娱乐活动预留时间。有效的时间分配策略是，根据个人的生物钟和工作效率，将最重要的任务安排在一天中最有生产力的时段。例如，如果你是一个早上精力充沛的人，那么把那些需要高度集中注意力的任务安排在上午可能会更有效率。

在执行日程规划时，灵活性和适应性也是关键因素。尽管制订计划是重要的，但生活总是充满了意外。可能会有突如其来的任务，或者原计划的任务可能会需要比预期更长的时间来完成。在这种情况下，能够调整计划并重新分配时间至关重要。这不仅需要对自己的日程有足够的了解，也需要对任务的优先级有清晰的判断。

进一步提高日程规划和任务分配效率的方法之一是使用数字工具和应用程序。现今市场上有众多应用程序，旨在帮助用户更好地管理时间和任务。这些工具中的许多都提供了集成的日历、待办事项列表和提醒功能，使得追踪任务和管理日程变得更加简单高效。此外，一些应用还允许用户共享他们的日程和任务列表，这对于团队合作和家庭管理尤为有用。

然而，技术并非万能。有效的时间管理还需要个人的自律和决心。这意味着，即使在面对分心和推迟的诱惑时，也要坚持按照计划行事。设定实际可行的目标和期望对于维持动力和避免过度压力同样重要。过于雄心勃勃的计划可能会导致挫败感，而一个实际和有弹性的计划则更容易适应变化，从而保持生产力和积极态度。

有效的日程规划和任务分配是一种综合技能，涉及时间管理、目标设定、优先级排序和个人责任感。通过明智地使用日历、待办事项列表和时间表等工具，可以显著提高个人的效率和生活质量。然而，成功的关键不仅仅在于使用哪些工具，更在于持之以恒的实践、灵活的调整策略以及对个人时间价值的深刻理解。随着技能的不断提高，日程规划和任务分配将成为推动个人和职业发展的强大动力。

三、断舍离原则应用

在现代社会的快速节奏中，时间成为人们最宝贵的资源。管理好时间，就意味着掌握了生活的主动权。这正是"断舍离"时间管理理念所倡导的核心思想：通过减少不必要的任务和干扰，优化时间的使用效率，从而提升个人的生活质量与工作效能。这种理念强调的不仅仅是物质层面的简化，更是对时间和精力分配的一种优化策略，旨在让我们的生活更加专注和有意义。

要成功将断舍离原则应用于时间管理，首先需要识别哪些是真正重要和紧急的任务。这涉及对日常活动的深度反思和审视，区分哪些任务确实对我们的长期目标和即时幸福有所贡献,哪些则是出于习惯、外界压力或是一时冲动而承担的。这个过程并非一蹴而就,而是需要不断地实践和调整的。在这个过程中,设立明确的优先级成为关键。有效的方法通常是将任务分为四个象限:重要且紧急、重要但不紧急、不重要但紧急以及既不重要也不紧急。通过这样的分类,我们可以更清晰地看到,哪些任务是真正值得我们投入时间和精力的。

在识别出哪些任务是非必要的之后,断舍离原则鼓励我们有意识地"断开"与这些任务的联系。这意味着要勇于说"不",无论是对外来的干扰,还是对自己内心的冲动。许多时候,我们难以放手这些不必要的任务,是因为担心错过某些机会,或是害怕改变现状带来的不确定性。然而,只有当我们学会放下,才能为真正重要的事务腾出时间。这并不是一种逃避责任的行为,而是一种对自己时间和精力负责的态度。

接下来的"舍"字环节,则要求我们放弃那些已经识别为不重要或不紧急的任务。这可能需要我们重新评估自己的日程安排,甚至是生活目标。在这个过程中,可能会遇到阻力,不论是来自他人的期待,还是自己内心的依恋。但关键是要坚持自己的决定,实现时间资源的最优化配置。通过这样的努力,我们可以发现,生活中真正值得追求和享受的时刻变得更多了。

最后,"离"字步骤则是关于如何维护这种简化后的状态,避免旧习惯的重演。这需要创建一套有效的时间管理系统,持续监控自己的时间使用情况,确保每一项任务都是出于真正的需要。同时,也要学会适时地调整计划,应对生活中不可避免的变化。这样,断舍离的时间管理理念就能够真正地融入我们的生活,成为一种持续的实践,而不仅仅是一时的尝试。

在实践断舍离原则的过程中,我们可能会遇到各种挑战,包括如何处理外界的期待和压力,如何克服内心的恐惧和不安,以及如何在多变的环境中保持决策的一致性和目标的明确性。但正是这些挑战,使得断舍离不仅仅是一种时间管理技巧,更是一种生活哲学,一种追求更有意义、更简单、更精致生活的方式。通过断舍离,我们不仅能够更高效地利用时间,更重要的是,能够更加清晰地认识到自己真正的需求和追求,从而在忙碌和喧嚣中找到属于自己的一片宁静。

四、专注管理与消除干扰

在这个信息爆炸的时代，专注力成为一个宝贵的资源。面对源源不断的干扰，如何有效管理专注力，提高工作效率，成为许多人关心的问题。而番茄工作法是一个广受欢迎的时间管理工具，它将工作时间分割成短暂的集中工作期和休息期，通常是 25 分钟的工作时间，后跟 5 分钟的休息时间。这种方法的核心思想是通过限定工作时间来提升专注度和效率。人的注意力往往在一段时间后会逐渐下降，通过设定短暂的工作周期，可以在注意力开始下降之前，通过休息来重新获得精力。这样的周期循环不仅有助于保持高水平的专注力，也能有效防止工作疲劳。在休息时间，进行轻松的活动，如走动、伸展或简短的冥想，可以帮助恢复精力，准备好下一轮的高效工作。

然而，即便是在采用了番茄工作法这样的时间管理策略后，外部的干扰仍是影响专注力的一大障碍。在日常工作环境中，手机通知、电子邮件、社交媒体以及周围人的活动等都有可能成为分散注意力的重要因素。管理这些干扰的第一步是识别它们。一旦明确了哪些因素最常影响到自己的专注力，就可以采取措施来减少它们的干扰。例如，可以在工作时关闭手机的非紧急通知，或者使用专门的应用程序来阻止访问分散注意力的网站和应用。

创建一个有利于专注的工作环境也是至关重要的。这意味着在物理和心理上为集中注意力创造条件。从物理环境来说，一个安静、整洁、有良好照明的工作空间可以大大提高专注力。如果可能的话，最好将工作区域与休息或娱乐区域分开，这样可以在心理上帮助区分工作和放松的时间。此外，使用耳塞或噪声取消耳机来屏蔽周围的噪声，也是一个提高工作专注度的有效方法。

从心理层面来说，建立起工作的仪式感也有助于提升专注力。例如，可以设定一个固定的开始工作的仪式，如整理工作台、制订工作计划或简短冥想，这些都能帮助大脑从休息状态转换到工作状态。此外，保持积极的工作态度和对工作的投入感也是非常重要的。通过设定清晰的目标和奖励自己达成目标，可以增加工作的动力，从而提高专注力。

通过有效的时间管理策略如番茄工作法，以及识别和减少外部干扰，创建

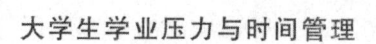

有利于专注的工作环境，我们可以显著提高工作和学习的效率。这不仅需要对自己的工作习惯和环境有深刻的认识，也需要持续的努力和调整。通过实践这些策略，我们可以更好地管理自己的专注力，从而在快节奏、多任务的现代生活中保持高效和生产力。

第四节　时间管理的障碍

一、优先级判断失误

在探讨时间管理的艺术时，一个经常被提及但同样容易被误解的概念便是任务的优先级判断。正确地评估任务的紧急性与重要性是实现有效时间管理的关键。然而，许多人在实践中发现自己陷入了一个常见的陷阱：错误地评估任务的优先级，导致时间管理的失效。这种失误不仅浪费了宝贵的时间资源，还可能导致对长期目标的忽视，最终影响个人的职业发展和生活质量。

人们常见的误判情况之一是过分关注紧急但不重要的任务。这种情况通常发生在日常生活的琐事处理上，比如，频繁地检查电子邮件、应对突如其来的小请求或是参与一些即时但收益甚微的会议。这些任务的特点是它们需要立即响应，给人一种错觉，仿佛处理它们就能带来立即的成就感。然而，这种成就感往往是短暂且表面的。长时间沉溺于这些紧急但不重要的任务中，会让人逐渐失去对时间的控制，因为这些琐碎的任务消耗了大量的时间和精力，却没有对个人的长期目标产生实质性的推进。

另一种常见的误判是忽视长期目标的重要性。人们往往容易被眼前的任务所吸引，尤其是那些能够带来即时回报的任务，从而忽略了对长期目标的规划和投入。长期目标往往很重要但并不紧急，如个人职业发展规划、技能提升或是家庭关系的维护。这些目标的实现需要持续的努力和时间投入，却很容易因为缺乏即时的反馈而被置于次要位置。随着时间的推移，忽视这些长期目标的累积效应会变得越来越明显，当人们意识到这一点时，往往已经错失了许多宝贵的机会。

在错误评估任务优先级的背后，存在着几个根本原因。首先，是对紧急性和重要性概念的混淆。在日常生活中，人们往往将紧急性与重要性视为等同，认为所有紧急的任务都是重要的，这是一个误区。紧急性主要是指任务需要立即完成的程度，而重要性则是指任务对个人长期目标的贡献程度。其次，是缺乏明确的长期目标和规划。没有明确的目标，就很难判断一个任务是否对实现这些目标有帮助。最后，是对即时满足的追求。在快节奏的生活环境中，人们越来越习惯于寻求即时的满足和回报，这种心理状态使得人们更容易被紧急但不重要的任务吸引，而忽视了那些需要长期投入但能带来更大收益的任务。

要解决这一问题，首先需要重新认识和定义任务的紧急性和重要性。一种有效的方法是使用艾森豪威尔矩阵，将任务分为四类：既紧急又重要、重要但不紧急、紧急但不重要、既不紧急也不重要。通过这样的分类，可以更清晰地看到每个任务的真正位置，从而做出更合理的决策。其次，需要制定清晰的长期目标和短期目标，并定期评估自己的进展情况。这有助于增强对重要但不紧急任务的关注，确保个人的时间和精力能够投入真正有价值的事务。最后，培养自我反省的习惯，定期审视自己的时间管理方式，识别并改正其中的失误，也是非常重要的。

通过正确评估任务的紧急性和重要性，明确长期目标，以及培养良好的自我反省习惯，可以有效避免这一问题，从而更好地管理自己的时间，实现个人和职业生活的平衡。这不仅需要理论上的了解，更需要在日常生活中不断实践和调整。只有这样，我们才能真正掌握时间的主动权，让生活和工作都变得更加高效和有意义。

二、计划过度或过少

在掌握时间的艺术中，计划不可或缺。然而，当计划失衡时，它的利益便开始转向两个极端：过度计划与计划不足。这两种极端状态以其独特的方式破坏了有效时间管理的精髓，成为高效率和成就目标路上的障碍。

过度计划是一种看似充满责任感和远见的行为，但实际上，它往往导致了灵活性的极大缺失。在这种状态下，个人或团队为了追求完美，会试图将每一分钟、每一个步骤都纳入严格的计划。这种详尽的规划听起来似乎无懈可击，因为它试图预见并控制一切可能的变数。然而，生活和工作往往充满了不可预测性，紧密排定的计划留给突发事件的缓冲空间几乎为零。当不可避免的变化发生时，过度规划的个体往往难以适应，因为任何偏离计划的事件都可能导致整个体系的混乱。此外，过度计划还可能导致创新和自发性的缺失。在一个被严格计划支配的环境中，尝试新方法或灵光一闪的想法往往被视为风险，因此很容易被忽视或排斥。长期而言，这种状态不仅抑制了个人和团队的创造力，还可能导致疲惫和满足感的减少，因为所有的努力和成就都在预期之中，少有意外的喜悦。

相对地，计划不足则是另一种极端，同样能够有效地破坏时间管理的努力。在计划不足的情形下，个人或团队缺乏足够的前瞻性和结构，往往只是随波逐流，对紧迫的任务做出反应，而不是根据既定的目标主动行动。这种状态下的时间管理缺乏方向和优先级的明确，导致时间的使用效率低下，常常在紧要关头才匆忙应对，往往效果不佳。此外，缺乏计划意味着目标的设定往往模糊不清或根本不存在，使得个人和团队难以衡量进展和成就。长期处于计划不足的状态，不仅会导致资源的浪费，还可能引起持续的压力和挫败感，因为无法有效地掌握时间和达成目标。

然而，理解过度计划和计划不足对时间管理的影响只是第一步。更重要的是，需要找到一个平衡点，既能够充分利用时间，又能保持必要的灵活性来应对不可预见的事件。实现这一平衡要求个人和团队进行自我反省，识别出自己倾向于哪一极端，并采取措施调整。例如，对于倾向于过度计划的人，可以尝试放宽对每一项任务和时间安排的控制，为不确定性留出空间，学习接受并适应变化。对于那些计划不足的个体，引入结构和目标设定的练习，比如，定期审视长期和短期目标，为每天和每周设定优先事项，可以大大提高时间的利用效率和目标达成率。

在寻找平衡的过程中，重要的是要认识到，没有一种统一的方法适用于所有人或所有情况。时间管理和计划的艺术在于灵活调整，根据当前的需求和条件不断地进行微调。这可能意味着在某些阶段或对于某些特定的任务，需要更紧密的计划，而在其他情况下，则需要更大的灵活性和开放性。通过不断地实践和调整，个人和团队可以学会如何在过度计划和计划不足之间找到自己的最佳平衡点，从而有效地管理时间，提高生产力和满足感。

时间管理是一个复杂而动态的过程，要求我们在过度计划和计划不足之间找到一个合理的平衡。通过认识到这两种极端状态的潜在危害，并采取措施避免陷入这两种陷阱，我们可以更有效地利用我们的时间来达成我们的目标，并在这个过程中找到更多的满足感和成就感。在这个不断变化的世界中，灵活性、适应性和目标导向性成为时间管理的关键词，引导我们在快节奏和不断变化的环境中保持平衡和前进的动力。

三、分心和干扰

在这个信息爆炸的时代，人们的注意力比以往任何时候都更容易被分散。社交媒体、手机通知以及环境噪声等干扰因素，如影子般伴随在日常生活的每一个角落，悄无声息地侵蚀着我们的注意力，影响着工作和学习的效率。

社交媒体，这个现代社会中无处不在的平台，以其丰富多彩的内容吸引着各个年龄层的用户。图片、视频、即时消息等形式多样的内容设计，让人们一旦沉浸其中，便难以自拔。每当手机屏幕上弹出一个新的通知，无论是一条新的动态更新，还是一条私人消息，都足以让人的注意力立刻从手头的工作或学习中抽离，转而投入这个虚拟的社交世界。一次次的查看和滑动，不知不觉中，大量的时间就这样流逝了，而手头的工作进度却几乎未见任何推进。

作为现代科技进步的产物，手机通知原本旨在提高人们的生活和工作效率，让重要信息不被错过。然而，它们也成为分散注意力的一大源头。每当手机发出提示音，无论是电子邮件、社交媒体通知，还是即时消息，都会引起人们的注意力转移。即便是那些并不紧急或重要的信息，也常常因为好奇心的驱使，让人们放下手中的工作，分心去查看。这种反复的注意力转移，大大降低了工作和学习的连贯性和深度，导致效率下降。

环境噪声，无论是办公室的谈话声、街道上的车辆喧嚣还是家中的电视声，都是影响注意力和效率的重要因素。在这样的噪声环境下，人们往往需要花费更多的精力去屏蔽外界的干扰，以维持对工作或学习的专注。然而，这种屏蔽往往并不总是成功的，长期处于噪声环境中，不仅会导致注意力分散，还会引起疲劳感，进一步影响到工作和学习的质量和效率。

面对这些干扰因素，寻找有效的应对策略显得尤为重要。例如，合理安排工作和休息时间，使用番茄工作法等时间管理技巧，可以帮助人们在保持高效的同时，也要留出时间应对和处理必要的干扰。此外，关闭工作时间的手机通知，或者使用专注应用程序来屏蔽干扰，也是提高专注力的有效方法。对于环境噪声的影响，选择安静的工作环境或使用耳塞和噪声取消耳机，可以有效地减少外界噪声对注意力的影响。

虽然社交媒体、手机通知以及环境噪声等干扰因素在现代生活中难以完全避免，但通过合理的管理和应对策略，我们仍然可以有效地减少它们对我们注意力和工作效率的影响。在这个充满干扰的世界中，保持专注和高效不仅是一种能力，更是一种对时间和生活的尊重。

第四章　学业压力对健康的影响

在当代社会中，学业压力已经成为年轻人普遍面临的一个重要问题。它不仅影响着学生的学习效率和成绩，还深刻地触及他们的心理、生理和社交健康。本章将深入探讨学业压力如何在多个层面上影响着学生的健康，包括心理健康的角度，如焦虑和抑郁；生理健康的维度，特别是睡眠和饮食习惯；以及社交健康，尤其是人际关系和孤独感的问题。此外，我们还将考察学业压力如何影响学生的学习效率和成绩。通过对这些方面的全面剖析，旨在为读者提供一个关于学业压力对健康影响的综合性视角。

第一节　心理健康：焦虑与抑郁

一、焦虑的根源与表现

在当代社会，大学生群体面临的学业压力显著增加，导致了焦虑情绪普遍上升。这种焦虑不仅仅是个体情感的体现，更是深受外部环境和内在期望共同作用的结果。其中，考试焦虑、对未来的担忧以及日常学习压力构成了大学生焦虑的主要来源。

考试焦虑是大学生中最为常见的一种焦虑形式。它源自对考试成绩的过分关注和对失败后果的恐惧。在这种压力下，学生往往会感到紧张、焦虑，甚至在考前出现严重的心理和生理反应，如心跳加速、失眠、食欲不振等。这种焦虑不仅会影响学生的考试表现，也会严重影响他们的日常学习和生活质量。

对未来的担忧则是另一种深层次的焦虑。在高等教育背景下，大学生不仅要面对学业的挑战，还要为自己的未来职业道路做出规划。就业市场的竞争日益激烈，加之社会对高学历人才的期望值不断提高，使得大学生在面对未知的未来时感到极度不安和焦虑。这种对未来职业安全、生活质量以及社会地位的担忧，使得许多学生承受着巨大的心理压力。

日常学习压力则是学生在日常生活中持续面对的压力来源。随着课程难度的增加和学业要求的提高，学生需要投入大量的时间和精力来应对。长期的学习压力不仅会使学生感到疲惫不堪，还会影响他们的心理健康，产生持续的焦虑情绪。这种压力常常表现为对学习任务的过度担心、对成绩的强迫性关注，以及对学习效率的不满意。

焦虑的常见症状表现为过度担心、不安、注意力难以集中以及失眠等。过度担心是指对某些事情或情况的持续且无谓的担忧，这种担忧往往与实际情况不成比例。不安感则表现为内心的不平静，经常伴有焦躁和易怒。注意力难以集中是焦虑情绪对认知功能的直接影响，学生往往发现自己无法持续关注学习任务，这样会导致学习效率低下。失眠是焦虑情绪影响下的一种常见生理反应，由于大脑持续活跃，学生难以进入睡眠状态，长期失眠还会导致记忆力下降、免疫力降低等问题。

这些焦虑症状的出现不仅影响了大学生的学习和生活，还可能对他们的身心健康造成长期的负面影响。因此，理解大学生的焦虑源和表现，对于制定有效的应对策略和提供必要的心理支持至关重要。通过建立健全的心理辅导体系、提供压力管理和应对技巧的培训，以及营造一个支持和理解的社会环境，可以帮助大学生减轻焦虑，促进他们的个人成长和心理健康。

二、抑郁症状的识别与影响

抑郁症是一种常见的情绪障碍，不仅仅是偶尔感到悲伤或失落，而是一种深层的、持续的情绪低落，这种状态深刻地影响着个体的思维方式、感觉和行为，进而严重干扰他们的日常生活和学习活动。

当谈及由学业压力引发的抑郁症状时，我们通常指的是那些因为学业负担过重、考试压力、对未来职业前景的担忧或是与同伴、教师间的关系问题而感到持续悲伤、兴趣丧失、能量下降和自我价值感降低的学生。这些症状不仅表现为情绪上的波动，更是一种全面的心理状态改变，影响着学生的认知功能和

第四章 学业压力对健康的影响

日常行为。

持续的悲伤情绪不仅限于简单的忧郁或悲观，而是一种深刻的、无法通过简单自我安慰或外界乐观因素而消散的情绪状态。这种情绪状态常常使学生陷入一种无法自拔的旋涡，长时间的悲伤感会使他们失去对生活的兴趣和热情，进而影响到他们的社交活动和学业表现。兴趣丧失在这里表现为对平时喜爱的活动和学习科目变得漠不关心，甚至是对任何活动都提不起兴趣。这种兴趣丧失进一步加剧了学生的孤立感，使他们在社交和学业上的表现都大打折扣。

能量下降也是学业压力引发抑郁症状中的一个关键因素。它不仅影响学生的身体健康，也影响他们完成学业和参与社交活动的能力。能量的持续下降使学生感到疲惫不堪，无法集中注意力，导致学习效率的显著下降。在这种状态下，即使是完成最基本的学习任务也会成为一项挑战，更不用说参与课外活动或社交了。

自我价值感的降低可能是由学业压力引发的抑郁症状中最具破坏性的一环。学生可能会开始质疑自己的能力和价值，感到自己不够好，无法满足家庭、教师或是自己的期望。这种自我质疑和否定不仅影响学生的心理健康，还可能导致严重的学业问题，如成绩下滑、缺课甚至辍学等。

抑郁症如何影响学生的日常活动和学习效率是一个复杂的过程。它不仅仅是通过上述症状直接作用于学生的行为和认知，更通过一个负反馈循环不断加剧这些问题。例如，抑郁状态下的学生可能因为无法集中注意力而学习效率低下，而学习效率的低下又会进一步加剧他们的抑郁情绪，形成一个恶性循环。此外，抑郁症还会影响学生的社交关系，他们可能会逐渐疏远朋友和家人，减少社交活动，这不仅使他们失去了重要的情感支持和压力释放的渠道，还可能进一步加剧他们的孤立感和抑郁情绪。在学业方面，抑郁症状可能导致学生无法完成作业，缺乏参与课堂讨论的动力，甚至出现长期缺课的情况，这些都严重影响了他们的学业成绩和未来的教育机会。

由学业压力引发的抑郁症状是一个需要我们高度关注的问题，它不仅严重影响了学生的心理健康，还影响了他们的学习效率和日常活动。解决这一问题需要学校、家庭和社会的共同努力，通过提供适当的心理健康教育、建立有效的支持系统和减轻学业压力，帮助学生应对抑郁症状，从而促进他们的整体健康和学业成功。

三、学业压力与心理健康的关联性

在当代社会，随着教育竞争的日益激烈，学业压力已成为影响学生心理健康的一个重要因素。这种压力不仅来源于学习本身的困难和挑战，还包括了家庭期望、社会标准以及个人对成功的渴望。学业压力对学生的心理健康产生了深远的影响，这种影响既可以是直接的，也可以是间接的，甚至在某些情况下会导致长期的慢性心理问题。

学业压力直接影响学生的心理健康，这体现在学生面对学习任务时感受到的压力和焦虑上。随着学习难度的增加，学生往往需要投入更多的时间和精力来应对考试、完成作业和项目，这常常会导致他们感到压力重重。长时间处于这种状态，学生可能会出现睡眠障碍、情绪低落、焦虑甚至抑郁等心理健康问题。这些问题不仅影响了学生的学习效率，还可能进一步加剧他们的学业压力，形成一个恶性循环。

除了直接影响，学业压力还可以间接地影响学生的心理健康。这种间接影响主要通过影响学生的自我认知、人际关系和生活方式来体现。例如，持续的学业压力可能导致学生对自己的能力产生怀疑，降低自尊心，感到自己不够优秀，这种负面的自我认知会严重影响学生的心理健康。同时，为了应对学习上的压力，学生可能会牺牲与家人和朋友相处的时间，减少参与社交活动，这样不仅影响了他们的人际关系，还可能导致孤独和社会隔离感，从而增加心理健康问题的风险。此外，长时间的学业压力还可能促使学生采取不健康的生活方式，如过度依赖咖啡因、熬夜学习等，这些不良习惯不仅对身体健康不利，也会对心理健康产生负面影响。

长期的学业压力可能会导致慢性心理问题。当学生长时间处于高压的学习环境中，无法有效地缓解压力和应对挑战时，他们可能会发展出持续的心理健康问题。例如，长期的焦虑和压力可能导致慢性抑郁症，这是一种严重的心理健康问题，需要专业的治疗和干预。此外，长期的学业压力还可能导致其他心理问题，如强迫症、恐慌症等。这些慢性心理问题不仅影响学生的学习和日常生活，还可能对他们的长期健康和福祉产生深远的影响。

面对学业压力与心理健康之间的复杂关联，学校、家庭和社会应采取积极措施来缓解学生的压力，提供必要的支持和资源。学校可以通过提供心理健康教育、开展压力管理工作坊、建立心理咨询服务等方式，帮助学生学习如何有效应对压力，提高他们的心理韧性。家庭成员也应该给予学生充分的理解和支持，鼓励开放的沟通，帮助他们建立健康的应对机制。此外，社会也应该创造一个更加宽容和支持的环境，减少对学生的过度期望和压力，促进学生全面发展和心理健康。

学业压力与心理健康之间存在着复杂的关联性。学业压力不仅可以直接影响学生的心理状态，还可以通过多种途径间接地对学生的心理健康产生影响，甚至可能导致慢性心理问题。因此，应对学业压力，保护学生的心理健康，需要学校、家庭和社会的共同努力和关注。通过提供有效的支持和干预措施，帮助学生建立健康的应对机制，可以促进他们的心理健康和个人成长，为他们未来的良性发展打下坚实的基础。

四、预防措施与早期干预

在当今这个快节奏、高压力的社会中，心理健康问题成了一个不容忽视的问题。随着对这一问题认识的深入，人们逐渐意识到，与其在问题出现后被动应对，不如采取有效的预防措施，从根本上减少心理健康问题的发生。这种转变的思维方式，不仅能够提高个体的生活质量，还有助于构建一个更健康、更和谐的社会。

预防措施的首要之策是培养积极的生活习惯。这意味着要有意识地构建一个有益于心理健康的生活模式，包括规律的作息、健康的饮食以及适量的体育锻炼。规律的作息能够帮助人们保持良好的生物钟，避免因睡眠不足而产生的疲惫和焦虑。健康的饮食习惯，如摄入足够的营养素和减少垃圾食品的摄入，可以显著改善人们的身体状况，进而提高心理健康水平。此外，适量的体育锻炼不仅能够增强体质，还能释放压力，放松心情。这些生活习惯的累积效应，

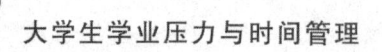

能够在很大程度上预防心理健康问题的发生。

除了培养积极的生活习惯,定期进行心理健康检查也是一项重要的预防措施。就像人们习惯定期做身体健康检查一样,心理健康的检查也应当被视为常规的健康管理部分。这可以通过咨询专业的心理健康专家进行,也可以通过自我评估工具来进行初步的心理健康自检。定期心理健康检查可以帮助个体及早发现潜在的心理问题,及时采取干预措施,避免问题的进一步恶化。此外,这种定期检查还能够提高人们对心理健康问题的认识,减少对心理疾病的误解和偏见,从而营造一个更加开放和包容的社会环境。

学习应对和调节情绪的技巧,是预防心理健康问题的另一项重要策略。在生活中,每个人都会遇到各种压力和挑战,学会有效地应对这些压力和挑战,是保持心理健康的关键。这包括了解和识别自己的情绪,学会从不同的角度看待问题,以及掌握一些基本的压力管理和情绪调节的技巧,如深呼吸、冥想以及正念等。通过这些技巧,个体可以更好地控制自己的情绪反应,减少压力对心理健康的负面影响。此外,这些技巧还有助于提高个体的自我效能感,即对自己应对生活挑战能力的信心,从而进一步促进心理健康。

预防心理健康问题的关键在于采取积极主动的态度,通过培养健康的生活习惯、定期进行心理健康检查以及学习有效的应对和情绪调节技巧,来提高个体的心理韧性和应对能力。这不仅能够帮助个体避免心理健康问题的发生,还能够促进个体的整体福祉,提高生活质量。同时,这种以预防为主的策略,也是构建健康社会的重要基石,有助于减少心理健康问题带来的社会成本,提高社会的整体幸福感。因此,每个人都应该重视并积极参与到心理健康的预防工作中,为自己和社会创造一个更加健康、美好的未来。

第二节 生理健康:睡眠与饮食

一、睡眠质量下降

在当今社会,大学生面临着前所未有的学业压力。这种压力已经影响到了他们的日常生活,进而也影响到了他们的睡眠质量。睡眠,作为身体和心理健康的基石,其重要性不言而喻。然而,由于学业负担的加重,许多大学生发现自己陷入了睡眠时长缩短、睡眠周期不规律,以及难以入睡和频繁醒来等问题,这些问题进一步加剧了他们的压力,形成恶性循环。

学业压力对睡眠质量的影响首先表现在睡眠时长的减少上。为了应对日益增加的学习任务和考试压力,大学生往往需要牺牲睡眠时间来完成学业要求。夜以继日的熬夜成为许多学生的常态,他们往往在深夜还坐在书桌前,眼睛紧盯着电脑屏幕或书本。这种长期的睡眠不足不仅会导致第二天精神萎靡、注意力不集中,长期来看还会对身体健康产生严重的负面影响,如免疫力下降、记忆力减退等。

除了睡眠时长的减少,学业压力还会导致睡眠周期变得不规律。大学生的学习任务往往不是固定不变的,而是在不断变化中,这就要求他们能够灵活调整自己的学习和休息时间。然而,这种不规律的生活方式直接影响了他们的生物钟,使得他们的睡眠周期产生了混乱。有些学生可能在某些时段极度缺乏睡眠,而在其他时段则可能过度睡眠,这种不规律的睡眠模式使得他们难以在晚上获得深度睡眠,从而影响了睡眠质量。

更为严重的是,学业压力还会导致大学生出现难以入睡和频繁醒来的问题。紧张的学习氛围和不断迫近的考试、作业截止日期使得许多学生即使在躺在床上也难以放松下来,他们的大脑仍在不停地思考学习相关的问题,这种过度的思维活动阻碍了他们进入睡眠状态。此外,即使入睡后,这种内心的焦虑和紧张也会使他们在夜间频繁醒来,从而影响睡眠的连续性和深度。长期的睡眠问题不仅会导致白天精力不足,还可能引发或加重心理健康问题,如焦虑症和抑郁症。

解决这一问题并非一蹴而就的,需要学生、高校及社会各方面共同努力。学生自身需要学会时间管理,合理安排学习和休息时间,避免过度熬夜。同时,学习放松技巧,如深呼吸、冥想等,也能帮助他们在睡前放松身心,提高睡眠质量。高校则应该提供更多的心理健康支持和资源,帮助学生应对学业压力,同时合理安排学习任务和考试,避免给学生造成过大的压力。此外,社会

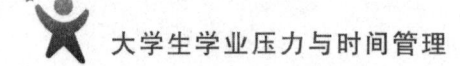

也应该对大学生的压力给予足够的关注和理解，创造一个更加宽松和支持的环境，让他们能够健康地成长和学习。

学业压力是影响大学生睡眠质量的一个重要因素。睡眠时长的减少、睡眠周期的不规律，以及难以入睡和频繁醒来等问题都是这种压力带来的直接后果。解决这一问题需要学生自身的努力，也需要社会各界的关注和支持，只有这样，大学生才能在健康的身心状态下完成学业，迎接未来的挑战。

二、睡眠问题对健康的长期影响

睡眠，作为人类生存和发展的基本需求之一，其重要性往往被日常忙碌和压力所掩盖，尤其在学生群体中，长期的学业压力和不规律的生活习惯导致睡眠问题普遍存在。长期睡眠不足或睡眠质量差对学生的生理健康造成的影响是深远和多方面的，涉及免疫系统功能、记忆力、注意力，乃至增加心脏病和糖尿病等慢性疾病的风险。

免疫系统是人体对抗疾病和感染的第一道防线，而睡眠质量直接影响其功能。长期睡眠不足会削弱免疫系统，降低身体对病原体的抵抗力。这种影响源于睡眠过程中免疫系统的重组和强化机制受到干扰，导致免疫细胞如 T 细胞的活动减少和免疫反应的效率下降。这不仅使得个体更容易感染常见的病毒性疾病，如感冒和流感，而且也可能增加患上更严重疾病的风险。

记忆力和注意力是学生学习效率的关键。在睡眠过程中，大脑会巩固新学习的信息，将其从短期记忆转移到长期记忆中，这一过程对学生至关重要。长期睡眠不足或睡眠质量差会干扰这一过程，从而会导致记忆力减弱，学习效率下降。此外，缺乏充足睡眠还会影响大脑的注意力集中和决策能力，使得学生在课堂上无法保持专注，降低学习成效和日常生活中的决策质量。

长期的睡眠问题还与多种慢性疾病的风险增加有关，其中最应关注的是心脏病和糖尿病。研究显示，睡眠不足会增加心脏病的风险，这与睡眠不足导致的血压升高、炎症水平增加有关。长时间的高血压和炎症状态会对心血管系统造成损害，增加心脏病发生的可能性。此外，睡眠不足还会影响身体对胰岛素的反应，增加糖尿病的风险。胰岛素是调节血糖水平的关键激素，睡眠不足会导致胰岛素敏感性下降，血糖水平失控，从而增加患糖尿病的风险。

值得注意的是，睡眠问题对生理健康的影响是一个复杂且相互关联的过程，不仅仅局限于上述方面。例如，长期睡眠不足还与肥胖、抑郁、焦虑等问题有关，这些问题又会相互作用，形成恶性循环，进一步恶化睡眠问题和健康状况。

长期的睡眠不足或睡眠质量差对学生的生理健康有着广泛而深远的影响，不仅限于免疫系统功能的下降、记忆力和注意力的减退，还包括增加患心脏病和糖尿病等慢性疾病的风险。因此，了解并重视睡眠的重要性，采取有效措施改善睡眠质量，对于维护和促进学生的生理健康至关重要。这不仅需要学生本人的意识和努力，还需要家庭、学校和社会各方面的支持和配合，共同创造有利于睡眠的环境和条件，从而提高学生的生活质量和学习效率，促进他们健康成长。

三、饮食习惯的改变

在现代社会，学业压力已成为年轻一代面临的重大挑战之一，其影响远远超出了教室的边界，深入了学生的日常生活，特别是他们的饮食习惯。随着学习负担的加重，许多学生发现自己陷入了一种紧张且快节奏的生活模式，这种模式不仅影响了他们的身心健康，还逐渐侵蚀了他们的饮食选择，导致了一系列不健康的饮食习惯。

饮食习惯的改变，尤其是过度依赖快餐和高糖高脂食物的摄入增加，以及不规律的饮食时间，可以视为应对学业压力的一种无声回应。在追求学术成就的过程中，时间成为一种稀缺资源。对那些深陷书山题海中的学生来说，每分每秒都弥足珍贵。因此，在这种压力之下，为了快速解决饥饿问题，快餐和方便食品成了首选。这些食物不仅准备快捷，而且味道鲜美，暂时能够满足他们的味蕾，但这种短期的满足带来的是长期的健康问题。

高糖和高脂肪食物的过度摄入与多种健康问题有关，包括肥胖、Ⅱ型糖尿病以及心血管疾病等。在紧张的学习生活中，许多学生可能会感到疲惫不堪，他们往往会通过摄入高糖食品来获取短暂的能量激增，这成了一种自我安

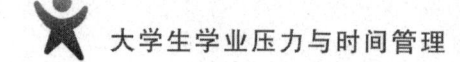

慰的方式，用以对抗压力和疲劳。然而，这种做法只是权宜之计，如果长期如此，它可能会对身体带来负面影响，包括血糖水平的不稳定和能量水平的快速波动。

不规律的饮食时间也是学业压力下饮食习惯恶化的另一显著表现。为了赶上紧凑的学习进度或完成看似无尽的作业和项目，学生常常会忽略规律的饮食时间，甚至跳过一些重要的餐食，比如早餐。他们可能会在深夜或凌晨时分，当学习任务稍告一段落时，才匆匆忙忙地吃一些食物，这种不规律的饮食模式不仅影响了食物的消化吸收，还可能导致睡眠质量的下降，进而影响第二天的学习效率和精神状态。

此外，长期处于高压状态下的学生往往会忽视健康饮食的重要性。他们可能会将更多的精力和时间投入学习，而忽视了营养均衡的饮食对于身体和心理健康的支持作用。缺乏足够的维生素、矿物质以及其他必需营养素的摄入，会逐渐削弱身体的免疫系统，增加患病的风险，同时也会影响认知功能和学习效率。

面对这一系列由学业压力引发的饮食问题，寻求解决之道显得尤为重要。首先，学生、家长以及教育工作者需要共同认识到健康饮食习惯对学习和身心健康的重要性。学校和家庭应当提供更多关于健康饮食的教育和支持，鼓励学生制定和遵循规律的饮食时间表，同时提供更多健康、营养均衡的餐食选择。此外，教育机构可以考虑调整课程安排和作业负担，为学生创造一个更加宽松的学习环境，从而减轻他们的压力，让他们有更多时间来关注和改善自己的饮食习惯。

学业压力下不健康饮食习惯的形成是一个复杂的过程，涉及时间管理、心理健康、教育政策和家庭环境等多方面。通过综合的努力和社会各界的关注，我们可以帮助学生养成更健康的饮食习惯，从而使他们不仅仅能够在学术上取得成功，更要在身体和心理健康上也能获得成功。

四、饮食失衡对健康的影响

在当今社会，学业压力被视为年轻人常面临的一大挑战，尤其是在追求学术成就和个人发展的过程中。随之而来,生理健康问题亦逐渐显露,特别是在睡眠和饮食这两方面。其中,饮食失衡对健康的影响尤为显著,这一点在生活节奏加快和精神压力增大的背景下更加凸显。

饮食失衡是指摄入的食物种类和数量不能满足身体的基本营养需求,或过度摄入某些营养成分,导致身体健康状态失衡。这种失衡不仅包括营养素的不足,如蛋白质、维生素和矿物质的缺乏,也涉及能量的过剩摄入,如过量的糖分和脂肪。这种饮食习惯的紊乱往往是由于学业压力大、学习时间长,忽视了饮食的均衡和规律,从而引发了一系列健康问题。

饮食失衡首先影响的是身体的基础代谢系统。营养素的不足会导致身体能量生成不足,影响学习和生活的效率;而能量的过剩摄入则可能导致体重增加、肥胖,进而增加患心血管疾病和糖尿病等慢性疾病的风险。其次,饮食失衡也会直接影响到大脑功能和认知能力。大脑是人体能量消耗最多的器官之一,缺乏必要的营养素,如 Omega-3 脂肪酸、维生素 D 等,会直接影响大脑的认知功能,包括记忆力、注意力和决策能力等。对正处在学习高峰期的学生来说,这无疑会对学业成绩产生负面影响。此外,饮食失衡还会引发情绪和心理健康问题。不合理的饮食习惯,如过量摄入糖分和咖啡因,可能会导致情绪波动,增加焦虑和抑郁的风险。长此以往,不仅会影响学生的学习和人际交往,还可能引发他们更严重的心理健康问题。

解决饮食失衡问题,需要从日常生活的细节做起。首先,建立合理的饮食计划,确保摄入足够多样化的食物,以满足身体对各种营养素的需求。其次,控制食物的分量,避免过量摄入能量高、营养价值低的食物,如快餐、甜食等。再次,保持饮食的规律性,避免因学习压力而导致的饮食不规律,如暴饮暴食或长时间不吃等不良习惯。最后,对于因学业压力引起的饮食问题,还需要采取相应的压力管理和心理调适措施,如进行适当的体育活动、保持良好的社交互动等,这些都有助于改善饮食习惯,从而维持良好的生理和心理健康状态。

饮食失衡对健康的影响是多方面的,不仅涉及身体的生理健康,还包括心理和情绪健康。在学业压力不断增加的当下,保持良好的饮食习惯对于提高学习效率、维护个人健康具有重要意义。通过制订合理的饮食计划、保持饮食的规律性以及采取有效的压力管理措施，可以有效避免饮食失衡对健康造成的负面影响，进而支持个人在学业和生活中取得更大的成就。

第三节　社交健康：人际关系与孤独感

一、学业压力与社交活动的冲突

在当今社会，年轻人面临的挑战越来越多，尤其是学业压力，它已经成为他们日常生活中不可或缺的一部分。这种压力不仅仅局限于课堂之内，还延伸到了课外，影响着他们的社交生活。随着学业负担的不断加重，学生发现自己必须在学习和社交活动之间做出选择。不幸的是，这种选择往往以牺牲社交活动为代价，进而对他们的社交健康产生了深远的影响。

学业压力的源头多种多样，包括但不限于课程负担、期望值的压力，以及未来职业道路的不确定性。随着教育竞争的加剧，学生为了达到越来越高的标准，不得不投入大量时间和精力去学习，这导致他们削减了参与社交活动的时间。这种时间的重新分配，虽然短期内可能提高了学术成绩，但长期来看，却可能损害他们的社交能力和人际关系质量。

社交活动对于青少年的成长至关重要。它不仅有助于建立人际关系，还能够提高社交技能，增强自我认同感。然而，当学业成为生活的重心时，社交活动往往会被边缘化。这种社交撤退行为会逐渐影响学生的社交圈，使他们失去与同龄人互动的机会，进而导致社交技能的退化。长期缺乏社交互动，学生可能会感到孤独和隔离，这不仅影响了他们的情绪状态，还可能引发更严重的心理健康问题。此外，社交撤退还会影响学生的人际关系质量。随着社交活动的减少，学生与同龄人之间的联系逐渐减弱，这可能导致他们感到被社会边缘化。在这种情况下，学生可能会发现自己难以在需要帮助时寻求支持，因为他们没有建立起足够的信任和联系。这种缺乏支持的感觉，不仅会影响他们解决问题的能力，还可能加剧他们的焦虑和抑郁情绪。

然而，理解学业压力与社交撤退之间的关系并不意味着接受这一现状为不可改变的事实。学校、家庭和社会都可以采取措施，帮助学生找到学习和社交活动之间的平衡。例如，学校可以提供时间管理和压力管理的培训，帮助学生更有效地安排时间，确保他们既有时间学习，也有时间参与社交活动。家庭也可以通过鼓励孩子参与社交活动，以及提供支持和理解，来帮助学生缓解学业压力。

找到学业和社交活动之间的平衡是一个复杂的过程，需要个体、家庭和社会共同努力。通过认识到学业压力对社交健康的潜在负面影响，并采取措施来减轻这种压力，我们可以帮助学生发展成为既有学术能力又有社交能力的全面发展的个体。在这个过程中，重要的是要认识到社交活动不仅是学生生活的一个补充，而是他们健康成长的一个关键组成部分。通过促进学生在学业和社交活动之间找到合适的平衡，我们可以为他们的整体发展奠定坚实的基础。

二、学业压力与人际关系紧张

在教育的长河中，学业压力如同一条隐形的河流，悄无声息地穿流在学生的心田。这股力量，虽然有时能激发潜能，推动人前进，但更多时候，它像是一种腐蚀剂，悄悄侵蚀着人际关系的稳固基石。在学业的重压之下，同学、朋友乃至家人之间的关系，往往会变得紧张，甚至出现裂痕。

当学业成为学生生活的主导，紧张的学习节奏和高涨的成绩期望，往往会消耗他们大量的时间和精力。在这样的环境下，为了追求学术上的卓越，学生可能会不自觉地将交往和休闲时间压缩到最小。这种做法，虽然短期内可能会提升学业成绩，但长期来看，却是在牺牲与同学、朋友乃至家人之间的沟通与互动。缺乏足够的交流，人与人之间的理解和共鸣自然难以深化，甚至会因此产生误会和隔阂。

另外，学业压力在心理上对学生产生的影响，也不容小觑。长期处于高压环境中的学生，往往会感到焦虑、抑郁，甚至出现心理疲劳的现象。这种状态下的学生，其情绪波动更加剧烈，容易对周围的人产生过激的反应。例如，家长的一句无心之言，可能会被解读为对成绩的不满；同学的一次无意的嘲笑，

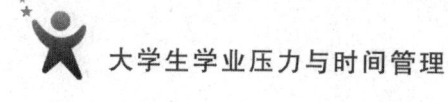

可能会被放大成对个人能力的质疑。这样的误会和冲突，若不及时解决，很容易在人心中留下难以愈合的伤痕，进而影响到人际关系的和谐与稳定。

更为严重的是，当学业压力达到一定程度时，学生可能会采取一些不健康的应对策略，如过度竞争、孤立自己等。这些行为，虽然可能是学生为了保护自己不受更多伤害的本能反应，却会进一步加剧与人的疏离。在极端情况下，这种疏离感甚至会转变为对同学、朋友和家人的不信任和敌意，破坏原本应该是支持和理解的关系。然而，需要认识到的是，这一切并非不可逆转。面对学业压力与人际关系紧张的双重挑战，学生、家长乃至整个社会，都可以采取措施来缓解这种状况。学校可以通过提供心理健康教育和辅导，帮助学生学会更健康的应对压力的方式；家长可以通过与子女进行开放而坦诚的对话，建立一个更加支持和理解的家庭环境；同学和朋友之间，也可以通过增加互动和共同活动，加强彼此之间的联系和理解。

学业压力与人际关系紧张之间存在着复杂而微妙的相互作用。只有通过共同的努力和理解，才能在追求学术卓越的同时，维护和促进健康的人际关系，构建一个更加和谐的学习和生活环境。在这个过程中，每个人都扮演着重要的角色，每一分努力都是对美好未来的投资。

三、孤独感的增加

在当代社会，学业压力已成为许多学生日常生活中不可或缺的一部分。这种压力源自多方面，包括家庭期望、学校竞争以及个人追求的成功与完美。随着这种压力的不断加剧，一个日益受到关注的问题浮出水面，那就是孤独感的增加。这种孤独感并非简单地源自物理上的孤立，而是一种更为深层次的情感体验，它让人们感到与他人隔离，无法与周围世界建立有意义的联系。

孤独感的根源可以追溯到持续的学业压力。学生在面对不断堆积的作业、考试以及其他学业要求时，常常会感到不堪重负。这种压力不仅消耗了他们的时间和精力，还限制了他们与同龄人互动的机会。随着时间的推移，这种缺乏社交互动逐渐转化为深刻的孤独感，学生发现自己越来越难以向他人敞开心扉，无法和别人分享自己的忧虑和挑战。这种情况进一步加剧了他们的隔离感，形成了一个恶性循环，并难以打破。

孤独感对心理健康的影响是深远的。长期的孤独感不仅会导致焦虑和抑郁等情绪问题，还会对个人的自尊产生负面影响。焦虑和抑郁是孤独感常见的伴随症状。孤独的学生可能会感到自己不被需要，认为自己无法与他人建立起有意义的联系。这种持续的情感状态会逐渐侵蚀他们的心理健康，使他们感到绝望和无助。此外，长期的孤独感还会削弱个人的自尊。当学生发现自己无法像他人一样建立和维持友谊时，他们可能会开始怀疑自己的价值和能力，这种自我怀疑会逐渐转化为自我否定，进一步加深他们的孤独感。

然而，孤独感并不是不可逆转的。要缓解这种情况，需要从多个层面进行努力。首先，学校和教育机构需要认识到学业压力对学生心理健康的影响，采取措施减轻这种压力。这可能包括调整课程结构，减少作业量，或者提供更多的心理健康支持服务。其次，家庭也应该扮演积极的角色，为学生提供一个支持和理解的环境。家长可以通过鼓励孩子分享自己的感受，参与他们的学习过程，并提供必要的心理支持来帮助他们应对学业压力。

此外，学生本身也需要采取积极的措施来应对孤独感。这可以包括寻找志同道合的朋友，参加社交活动，或者寻求专业的心理咨询帮助。通过这些方式，学生可以逐步建立起自己的社交网络，减少孤独感，并提高自己的心理健康水平。

孤独感是一个复杂而深刻的问题。它源自持续的学业压力，并对学生的心理健康产生了深远的影响。要有效地应对这一问题，需要学校、家庭以及学生本身的共同努力。通过减轻学业压力，提供心理健康支持，以及鼓励社交互动，我们可以帮助学生克服孤独感，促进他们的整体福祉。这不仅是为了他们当前的健康和幸福，也是为了他们未来能够健康成长，成为能够积极参与社会活动的成员。

四、社交技能的退化

长期的学业压力在当代教育环境中已成为一种常态，而其对学生社交技能的影响不容忽视。学业压力导致学生时间与精力高度集中于学习任务，从而削

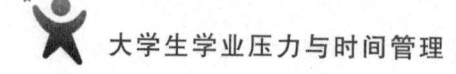

弱了他们的社交互动机会。随着学生被深深卷入教育体系，他们可能会减少与同学、朋友或家人的交流时间，甚至会放弃参与社交活动的机会，以便专注于学业。这种社交互动的减少限制了他们与他人建立和维持良好关系的机会，从而影响了他们的沟通能力和社交适应性。

学业压力可能导致学生在团队合作方面的能力下降。由于学生通常会面临大量的课业任务和考试压力，他们可能更倾向于独自完成任务，而不是与他人合作。这种独自应对学业挑战的倾向可能使他们缺乏团队合作的经验和技能。而在现实生活中，团队合作是一种至关重要的社交技能。它涉及与他人协调、交流和共同努力以达成共同目标。因此，缺乏团队合作的经验可能会妨碍学生在工作场所或社交场合中与他人合作的能力。

此外，长期的学业压力也可能对学生的社交适应性造成负面影响。社交适应性指的是一个人在不同社交环境中适应和表现自如的能力。学生在应对学业压力时可能会陷入焦虑和自我怀疑的状态，这可能使他们对社交场合产生恐惧或压力。例如，他们可能会担心在社交活动中表现不佳，或者会因为与他人交流而感到不安。因此，他们可能会避免参与社交活动，进一步减少他们适应不同社交环境的机会，从而降低了他们的社交适应性。

另一方面，缺乏社交互动也可能导致学生在面对他人时缺乏自信心和表达能力。社交技能的发展通常需要通过与他人互动来锻炼和提高。然而，如果学生长期缺乏与他人交流的机会，他们可能会缺乏与他人建立联系和表达自己的能力。这可能会使他们在面对他人时感到局促不安，表达不清晰或不自信。这种缺乏自信心和表达能力可能会进一步阻碍他们与他人建立良好关系的能力，从而影响他们的社交技能发展。

长期的学业压力对学生的社交技能产生了多方面的负面影响。从沟通能力到团队合作和社交适应性，学生都可能因为缺乏社交互动而经历技能的退化。因此，教育者和家长应意识到这一问题的严重性，并努力为学生创造更多的社交机会和支持，以促进他们全面发展并提高其社交技能。

第四节　学业成绩与学习效率

一、学业压力与学习动力的关系

学业压力与学习动力之间的关系是一个备受关注的议题，因为它直接影响着学生的学习状态和成就。学生所承受的学业压力可能源自多方面，包括学习任务的数量与难度、期望的考试成绩、学术竞争，以及对未来发展的焦虑等。这些压力的存在，无疑会在一定程度上影响学生的学习动力，进而影响他们的学习效率和成绩。

适度的学业压力有助于激发学生的学习动力。适度的压力能够使学生保持紧张感和警觉性，促使他们更加努力地去学习和应对挑战。一定程度上的紧迫感有助于提高学生的学习效率和集中注意力。例如，对即将到来的考试的一定压力可能会激励学生更加专注地复习，加深对知识的理解和掌握。此外，适度的竞争压力也可以激发学生的学习动力。在竞争中，学生渴望脱颖而出，取得理想的成绩或者更好的机会。因此，他们会更加努力地学习和提高自己的能力。

然而，过度的学业压力可能导致学习动力的下降。过多的压力会使学生感到无法承受，进而产生焦虑、压力和沮丧等负面情绪，从而影响到他们的学习状态和动力。当学生感到压力过大时，他们往往会出现学习动力不足、注意力不集中、学习效率下降的情况。例如，过多的作业任务和考试压力可能会让学生感到不堪重负，从而影响到他们的学习积极性。长期处于高强度的学业压力下，学生可能会出现疲劳感和失去动力的情况，甚至导致学习倦怠和抑郁等心理问题的出现。

因此，学校和家庭应该共同努力，帮助学生应对学业压力，以维持他们的学习动力和积极性。学校可以通过减少过多的考试和作业安排、提供更多的学习支持和指导、开展心理健康教育等方式来减轻学生的学业压力。此外，家长也应该给予孩子足够的支持和理解，避免过分的期望和压力，让孩子在轻松的氛围中学习。在学业压力管理上，平衡是关键，适度的压力有助于激发学生的学习动力，但过度的压力则可能产生反效果。因此，学校和家庭应该共同努力，为学生创造一个合适的学习环境，促进他们健康、快乐地成长。

二、认知功能与压力的相互作用

长期的学业压力对学生的认知功能产生了深远的影响，这一点已经得到了广泛的关注和研究。在这个信息爆炸的时代，学生面临着巨大的学业压力，这可能来自学业负担的增加、竞争的加剧、家庭期望的压力以及社会环境的影响等诸多方面。这些压力不仅仅来自学业本身，还可能包括来自同龄人的竞争、未来职业的不确定性等外部因素。

长期的学业压力会对学生的记忆功能造成影响。记忆是学习的基础，而长期的压力会导致学生注意力难以集中，情绪波动大，这都会对记忆的形成和存储产生负面影响。研究表明，压力会影响大脑中与记忆相关的神经元的活动，导致记忆能力下降。例如，长期处于焦虑状态的学生，常常会出现遗忘、记忆混乱等现象，这会直接影响他们的学习效果和成绩。

学业压力也会影响学生的注意力。注意力是指个体对于某一刺激或任务的集中程度，是学习过程中必不可少的认知功能之一。然而，长期的学业压力会导致学生的注意力难以持久集中，容易分散，甚至出现注意力不足的情况。这是因为压力会引起大脑中与情绪调节相关的神经递质的紊乱，从而影响到前额叶皮层的功能，进而影响学生的注意力。因此，学生在面对长期的学业压力时，往往会感到精神疲惫，难以保持对学习的专注，进而影响到他们的学习效果。

长期的学业压力也会影响学生解决问题的能力。解决问题是学习过程中的关键能力之一。它需要学生具备良好的思维能力、逻辑能力和创新能力。然而，当学生长时间处于压力之下时，他们的思维往往会变得僵化，难以灵活运用知识解决问题。此外，压力还会导致学生产生负面情绪，如焦虑、沮丧等，这些情绪会进一步影响到他们解决问题的效率和质量。因此，长期的学业压力会直接影响学生的问题解决能力，从而影响到他们的学习成绩。

长期的学业压力会对学生的认知功能产生深远的影响，包括记忆、注意力和解决问题的能力。这些认知功能的受损会直接影响到学生的学习效果和成绩。因此，教育者和家长需要关注学生的心理健康，帮助他们有效应对学业压力，创造良好的学习环境，促进其全面发展。同时，学生自身也应该学会有效的压力管理方法，保持良好的心态，以更好地应对学习和生活中的挑战。

三、学习效率的心理影响

学习效率的心理影响是教育领域一个备受关注的话题。学术压力对学生的心理健康有着深远的影响，进而影响其学习效率。焦虑、抑郁等心理问题常常是由学业压力引起的，这些问题不仅影响着学生的情绪状态，还会渗透到他们的学习习惯和技巧中去。

焦虑和抑郁等心理问题对学生的情绪产生负面影响。面对繁重的学业压力，学生可能感到无助、沮丧和焦虑，这些情绪会干扰他们的学习过程。焦虑可能导致学生无法集中注意力，难以专注于学习任务，而抑郁则可能使他们失去对学习的兴趣和动力。这些负面情绪不仅影响学生在学习中的表现，还可能导致他们产生消极的自我评价，加剧心理压力，形成恶性循环。

心理问题会影响学生的学习动机和学习目标。学生可能因为焦虑和抑郁而失去对学习的热情和动力，觉得自己无法应对学习任务，从而放弃努力。他们可能觉得学习无望，难以看到取得进步的希望，进而产生对学习的消极态度。此外，心理问题还可能导致学生将学习与负面情绪联系起来，认为学习是一种痛苦的经历，进而避开学习，选择逃避或消极的方式来缓解压力，如沉迷于手机游戏、社交媒体等。

心理问题也会影响学生的学习策略和技巧。焦虑和抑郁可能使学生的认知功能受到影响，降低他们的学习效率。焦虑可能导致学生的思维紧张，记忆力下降，难以有效地组织和整合学习内容，而抑郁可能使学生对学习失去信心，降低自我效能感，导致他们不愿意尝试新的学习方法和策略。此外，心理问题还可能导致学生养成消极的学习习惯，如拖延、浮躁等，从而进一步降低他们的学习效率。

学习效率的心理影响是一个复杂而严重的问题。心理问题不仅影响学生的情绪状态，还会对他们的学习动机、学习目标、学习策略和技巧产生负面影响，从而降低其学习效率。因此，教育者和家长应该关注学生的心理健康问题，积极帮助他们缓解学业压力，建立健康的学习心态，培养积极的学习习惯和技巧，从而提高其学习效率。

四、压力对学习态度的长期影响

学业压力是当今许多学生所面临的一种常见现象。它不仅影响着学生的心理健康，还会对他们的学习态度产生长期的影响。研究表明，持续的学业压力可能导致学生对学习兴趣的减退，以及学术自信心的下降。这种态度的变化进而会影响到学生的学习行为和最终的学习成绩。

长期的学业压力可能会削弱学生对学习的兴趣。当学生面临着巨大的学业压力时，他们可能会感到沮丧、疲惫和无助，这些负面情绪会逐渐侵蚀他们原本对学习的热情。学习不再是一种愉悦的活动，而变成了一种沉重的负担。学生可能会逐渐失去对知识的渴望，对新事物的好奇心也会减弱，这将直接影响到他们的学习动力和学习效果。

持续的学业压力也可能导致学生的学术自信心受到挑战。当学生感到压力重重时，他们往往会对自己的能力产生怀疑，担心自己无法应对学业上的种种挑战。他们可能会觉得自己无法达到家长或老师的期望，产生一种自我怀疑和自我否定的心理状态。这种缺乏信心的表现会影响到他们的学习，甚至可能导致他们放弃追求更高的学业目标。

这种态度的变化进一步影响到了学生的学习行为。缺乏学习兴趣和学术自信的学生往往会表现出消极的学习态度，他们可能会选择逃避学习，拖延完成作业，甚至玩忽职守。这种消极的学习行为会进一步加剧他们的学业压力，形成恶性循环。与此同时，缺乏学习动力和自信心的学生很可能无法保持良好的学习习惯，缺乏有效的学习方法，导致学习效果不佳，甚至失败。

这种态度的变化也会直接影响到学生的学习成绩。缺乏学习兴趣和自信心的学生往往在考试中表现不佳，无法充分发挥自己的潜力。他们可能会因为压力过大而出现焦虑、紧张等情绪，影响到自己的发挥。即使在没有明显压力的情况下，缺乏学习动力和自信心也会导致学生在学业上的成绩不尽如人意，从而进一步加剧他们的焦虑和挫败感。

　　学业压力对学生的学习态度有着长期的影响。持续的学业压力可能导致学生对学习的兴趣减退，学术自信心下降，进而影响到他们的学习行为和最终的学习成绩。因此，教育者和家长需要重视学生的心理健康，帮助他们有效应对学业压力，培养积极的学习态度，从而促进他们的全面发展。

第五章　有效时间管理的实践

在现代社会中，时间管理成为每个人都需要面对的重要挑战。本章节将着重介绍有效时间管理的各方面，包括目标设定与优先级排序、日程规划与任务管理、拖延心理及其对策，以及休息与放松技巧。通过这些内容的学习，读者可以深入了解如何更好地掌控自己的时间，提高工作效率和生活质量。从明确目标和优先级开始，到制订和执行具体的日程规划，再到应对拖延行为，并在忙碌中找到休息与放松的平衡点，本章节旨在为读者提供一套全面而实用的时间管理工具箱。这不仅有助于提升个人的生产力，更能增强生活的满足感和幸福感。

第一节　目标设定与优先级排序

一、明确目标的重要性

明确目标对于时间管理的重要性不言而喻。无论是在个人生活还是学业领域，设定明确的目标都是取得成功的基石。首先，明确的目标能够为我们提供清晰的方向。在生活中，我们常常会发现自己迷失了方向，不知道下一步该做什么。这种迷茫往往导致时间的浪费和精力的分散。然而，一旦我们设定了明确的目标，就像在地图上标记了目的地一样，我们就能够有条不紊地前进，不再迷失方向。

明确的目标有助于提高动力和意愿。当设定了具体、可衡量的目标时，我们会更有动力去追求这些目标。这是因为目标给予了我们明确的奋斗目标，使我们对未来有了期待，从而激发我们内在的动力和意愿。这种内在的动力会促使我们更加努力地工作，更加专注地学习，从而提高时间管理的效率。

另外，明确的目标能够帮助我们更好地规划时间。一旦我们确定了自己的目标，就可以根据这些目标来制订计划，合理安排时间。例如，如果我们的目标是在考试中取得好成绩，我们就可以根据考试的时间表和复习内容来合理安排每天的学习时间。

此外，通过设定清晰、具体、可实现的目标，我们还可以更好地衡量自己的进步。一个明确的目标应该是具体的、可衡量的，这样我们就可以清楚地知道自己是否在朝着目标前进。例如，如果我们的目标是减肥，我们可以设定每周减掉一定的体重作为目标，并定期进行称重来检查自己的进度。通过这种方式，我们可以及时发现自己的不足之处，及时调整自己的计划和策略，以更好地实现自己的目标。

明确个人和学业目标对时间管理至关重要。只有通过设定清晰、具体、可实现的目标，我们才能更好地规划时间，提高工作效率，从而更好地实现自己的个人和学业目标。因此，我们应该认识到明确目标的重要性，并努力去制定和实现自己的目标，以更好地管理我们的时间，实现我们的人生价值。

二、优先级的确定

在日常生活和工作中，个人往往面临着众多任务和活动，如何正确识别并排序这些任务和活动的优先级成为提高效率和效果的关键。正确的优先级设定不仅能够帮助个人更好地管理时间，还能确保关键任务得到及时的完成，从而有效地推动个人目标的实现。

要有效地确定任务和活动的优先级，首要的步骤是区分任务的紧急性与重要性。紧急性指的是任务需要立即处理的程度，而重要性则是指任务对于长远目标的贡献程度。在理想的情况下，个人应该优先处理既紧急又重要的任务，其次是重要但不紧急的任务，再次是紧急但不重要的任务，最后才是那些既不紧急也不重要的任务。

在实际操作中，任务的紧急性与重要性可能并不总是那么直观。例如，一些看似紧急的任务，比如，不断涌入的电子邮件或即时消息，可能会分散个人对真正重要任务的注意力。因此，关键在于识别出那些真正对个人目标有重要影响的任务，并将它们置于优先位置。这通常需要个人对自己的长期目标和计划有清晰的认识，并能够在众多任务中辨别出哪些是真正关键的。

在确定了任务的紧急性和重要性之后，接下来就是根据这些因素安排日常活动。一个有效的方法是制定优先级清单。这样的清单可以根据任务的重要性和紧急性进行分类，然后根据这个分类来安排日常的工作和生活。例如，将任务分为四类：第一类是既紧急又重要的任务，这类任务需要立即处理；第二类是重要但不紧急的任务，这类任务应该安排在固定的时间内完成；第三类是紧急但不重要的任务，可以考虑委托他人或在处理更重要的任务后进行；第四类则是既不紧急也不重要的任务，这类任务可以考虑是否真的需要做。

除了制定优先级清单，还需要学会合理安排时间。例如，可以在一天中精力最旺盛的时候处理那些既紧急又重要的任务，而在精力相对较低的时候处理那些重要但不紧急的任务。此外，为了避免紧急但不重要的任务干扰重要任务的完成，可以设定特定的时间段来处理这类任务，比如，在每天的某个固定时间处理电子邮件和电话。

同时，还需要不断地审视和调整自己的优先级清单。随着时间的推移和情况的变化，原先设定的优先级可能不再适用。因此，定期地审视自己的任务清单，并根据实际情况进行调整，是确保始终聚焦于最重要任务的关键。

另一个重要方面是学会说"不"。面对那些可能会干扰到重要任务完成的紧急但不重要的请求时，需要勇于拒绝。这不仅能帮助个人保持对时间的控制，还能确保精力和资源被用于真正重要的任务上。

三、时间价值意识

在现代生活的快节奏中，时间被视为一种宝贵的资源，而对每个人而言，认识到每项任务的时间价值及其长远影响，是有效管理时间的关键。每一项活动或任务，无论是在工作、学习还是个人生活中，都具有其独特的价值和影响。正确评估这些活动对于实现个人的学业和生活目标的贡献度，不仅能提高时间利用效率，还能促进个人的全面发展。

首先需要明确的是，不同的活动对于个人的目标和计划具有不同的贡献度。有些任务可能对实现长期目标具有重要意义，而有些则可能仅仅满足短期需求。例如，在学业上，认真完成一篇研究报告可能对个人的学术成长和未来的职业发展有着深远的影响。相比之下，临时的应付作业虽然能够满足短期的成绩需求，但对个人的长期发展帮助有限。因此，在安排日常活动时，重视那些能够带来长期益处的任务，而不是仅仅追求短期的满足或成就，这是十分必要的。

然而，评估不同活动的时间价值并非易事。这需要个人不仅对自己的长期目标有清晰的认识，而且能够理解不同任务对这些目标的贡献程度。例如，对一个致力于成为专业画家的学生来说，投入时间在绘画和艺术研究上显然比花费同等时间在不相关的娱乐活动上更有价值。因此，进行时间价值评估的第一步是明确个人的长期目标和短期目标，然后根据这些目标来判断不同活动的重要性。

在实际操作中，制订一个有效的计划和时间表是评估和管理时间价值的有效方法。通过设定具体的学习或工作计划，可以帮助个人更加明确每项任务的价值和优先级。例如，制订一个详细的学习计划，列出每天或每周需要完成的任务和目标，可以帮助个人更加清晰地了解哪些活动是对学业和个人成长最有价值的。此外，学会拒绝那些对实现个人目标没有贡献或贡献较小的活动，也是提高时间价值意识的重要部分。在日常生活中，人们经常会遇到各种各样的邀请和干扰，学会合理地说"不"，保持对自己时间的掌控，有助于确保宝贵的时间被用在真正重要的事情上。

认识到休息和娱乐对个人健康和长期效率的重要性，也是提高时间价值意识的一个重要方面。长时间的工作或学习会导致疲劳和效率下降，而适当的休息和放松能够为身心带来恢复，提高工作和学习的效率。因此，在安排日常活动时，合理安排休息和娱乐时间，以保持良好的身心状态，对于提高时间的整体价值同样至关重要。

四、逆向规划方法

逆向规划方法是一种高效的规划策略。它从最终目标出发，逐步分解步骤和时间表，直至当前所需采取的行动。这种方法的核心在于先设定一个清晰、具体的长期目标，然后反向思考，逐步规划出达成这一目标所需的每一个阶段和步骤。逆向规划不仅帮助个人更清晰地看到目标的全貌，还能有效地确保每一步行动都紧密地与最终目标相连，从而大大提高实现长期目标的可能性。

在逆向规划中，首要的步骤是确定一个清晰且具体的长期目标。这一目标应具体到能够清楚描述其具体内容、期望达成的效果以及实现的时间点。例如，一个学生的长期目标可能是"四年后毕业时获得优秀毕业生称号"，而一位职场人士的目标可能是"五年内晋升为部门经理"。这样的目标不仅明确了期望达到的状态，还设定了一个明确的时间框架。

确定了长期目标后，接下来的步骤是从这一终极目标出发，逆向思考并分解出每个阶段所需达成的目标。这些阶段性目标是实现长期目标的重要里程碑，它们需要既与长期目标紧密相关，又足够具体，以便于实施和评估。例如，对上述提到的学生而言，第一个阶段性目标可能是"第一学年结束时，所有科目的平均成绩达到 90 分以上"。对职场人士来说，可能是"第一年内完成所有岗位培训并在工作中获得优异的评价"。随后，每个阶段性目标进一步被分解为更小的、可操作的任务或步骤。这些任务或步骤应该是具体可行的，并且每完成一项都能够使个人更接近于阶段性目标。继续以学生为例，为了达到第一学年的平均成绩目标，他可能需要设定每周的学习计划，包括特定时间的自习、参与学习小组、定期复习等。

在整个逆向规划过程中，不断的评估和调整也是不可或缺的。随着计划的推进，个人可能需要根据实际情况调整后续的任务或步骤。例如，如果学生发现某一科目的学习效果不佳，他可能需要增加这一科目的学习时间，或寻求额外的辅导。

此外，逆向规划还需要考虑到潜在的障碍和挑战，并在计划中预留出应对这些情况的策略。例如，学生在学习计划中可能需要预留一定的时间用于应对突发的学习任务，如突然增加的作业或项目。职场人士则可能需要考虑工作中可能遇到的各种挑战，如项目延期、团队变动等。

第二节　日程规划与任务管理

一、明确目标与优先级

在生活和工作中，设定清晰、具体的目标并合理确定任务的优先级，是提高效率和实现目标的关键。一个明确的目标不仅能够提供行动的方向，还能够帮助个人在面对众多任务和决策时，做出明智的选择。同时，合理的优先级安排确保了最重要和最紧急的任务能够得到优先处理，从而有效地推动目标的实现。

首要的任务是设定清晰和具体的目标。一个好的目标应当具有可度量性，这意味着目标的完成程度是可以被评估的。例如，一个模糊的目标可能是"提高英语水平"，而一个更具体的目标则是"在六个月内通过高级英语水平考试"。具体的目标不仅提供了明确的目标点，还为实现这一目标的过程提供了可量化的标准。

确定目标后，下一步是根据重要性和紧急性来确定任务的优先级。这一过程通常涉及对任务进行分类，判断它们是重要还是紧急，或者两者兼而有之。重要的任务通常是那些对实现长期目标和愿景有直接影响的任务，而紧急的任务则是那些需要立即处理的事务。例如，一个重要演讲的准备工作是重要但不紧急的任务，而回应一个客户的紧急需求可能是紧急但不那么重要的任务。理解这一区别对于优先级的确定至关重要。

合理安排日程是确保关键任务得到优先处理的有效方式。在每天或每周的开始，审视待办事项清单，确定哪些任务是当日或当周的关键任务。例如，可以在每天开始时确定三项最重要的任务，并将它们放在日程的最前面。这样做不仅能保证这些关键任务能得到及时处理，还能有效防止因处理大量紧急但不重要的任务而分散注意力。同时，有效地管理干扰和分心也是确保关键任务得到优先处理的重要策略。在执行重要任务时，减少干扰，比如，关闭不必要的通知，创造一个有利于集中注意力的环境。这样做可以提高工作效率，确保重要任务能够在有限的时间内得到高质量的完成。

另一方面，也需要认识到并非所有紧急任务都是必须立即处理的。学会合理评估紧急任务的真正紧急性，能够帮助个人更好地管理时间和精力。在某些情况下，有些紧急任务可以延后处理或者委托他人处理，从而保证足够的时间和精力专注于更重要的任务。

设定清晰、具体的目标并根据重要性和紧急性来确定任务的优先级，是有效时间管理的基石。这不仅有助于在日程安排时做出明智的决策，还能确保重要的任务得到及时且适当的处理。通过这样的方法，个人可以更有效地实现自己的目标，无论是在职业发展、学业成就还是个人生活中。

二、任务分解与时间估计

在处理复杂或大型任务时，往往会感到不知从何下手，甚至感到压力和焦虑。将这些庞大的任务分解成更小、更易管理的部分，再对每个部分进行时间估计，是一种行之有效的方法，不仅可以减轻任务的压倒性，也能显著提高执行的可行性和效率。

分解任务的第一步是将大型任务细化成一系列小任务或子任务。这一过程需要对整个任务有一个全面的理解和分析。例如，如果一个大学生需要准备一份期末研究报告，这个任务可以被分解为多个小任务：选择主题、收集文献、撰写提纲、撰写各个章节、修订和校对。每个小任务都是完成整体报告的一部分，更加具体和可操作。在任务分解后，下一步是合理估计完成每个小任务所需的时间。这一步骤对于整个学习计划的成功至关重要。时间估计需要基于学生对该学科知识的掌握程度、以往写作经验和对报告要求的理解来进行。例如，在撰写研究报告的过程中，选择主题可能需要较短的时间，但收集和分析文献可能需要较长的时间。为每个任务设定一个现实且合理的时间框架，有助于更好地安排学习时间和其他课程的学习。在实施阶段，保持灵活性和适应性非常重要。在学习和写作过程中，可能会遇到各种意外情况，例如，某个章节的内容比预期复杂，或者需要花费更多时间来理解某个概念。在这种情况下，及时调整计划和时间安排是必要的。例如，如果在文献收集阶段遇到了意外的困难，可能需要重新分配时间，以确保报告的按时完成。同时，监控进度和定期评估每个小任务的完成情况,可以及时发现问题和挑战,调整计划以应对这些变化。值得注意的是,尽管任务分解和时间估计可以提高学习的可行性和效率,但过度规划可能导致压力和焦虑。因此,大学生在学习时需要保持一定的灵活性和对自身能力的认识,避免过度压力。例如,如果发现某个任务的时间安排过于紧张,可以适当调整,给自己留出更多的缓冲时间,以减少压力。

将大型任务分解成更小、更易管理的部分,再对每个部分进行合理的时间估计,是一种高效且实用的方法。通过这种方法,不仅可以减轻任务的压倒性,提高执行的可行性,还能够更好地管理时间,提高工作和学习的效率。在日常生活和工作中,运用这种方法可以帮助个人更有效地面对和解决复杂的任务和挑战。

三、避免过度计划

在现代快节奏的生活中,有效地规划日程和任务对于提高生产效率和生活质量至关重要。然而,过度计划和过分安排任务往往会带来反效果,导致压力增加、疲劳累积,甚至可能影响到工作和生活的质量。因此,如何在日程安排中避免过度计划,保持灵活性以应对各种意外情况或任务延迟,成为一种必要的技能。

过度计划通常源于对时间的过分控制欲或对完成任务的强烈渴望。在制定日程时,人们往往高估自己的效率,忽略了休息和意外事件的必要性。为了避免这种情况,首要的是要有一个合理的时间感知。这意味着在规划任务和活动时,要实事求是地考虑到每项任务的实际需要时间,以及可能出现的问题和延误。例如,安排一个会议时,除了会议本身所需的时间,还应该考虑到准备和交通所需的时间。此外,留出一定的缓冲时间来应对意外情况,也是避免过度计划的有效策略。

与此同时,过度计划往往忽视了日程的灵活性。生活中总会出现各种意外情况,如突发的紧急任务、身体健康问题或家庭事件等,这些都可能影响原有的计划。因此,在制订计划时,应该留有一定的空间来应对这些不可预见的事件。灵活的日程安排不仅能够减轻因计划变动带来的压力,还能帮助人们更快地适应新的情况,保持工作和生活的连续性。此外,有效地管理和设置优先级是避免过度计划的另一个关键。这意味着要识别哪些任务是最重要和紧急的,哪些任务可以延后处理甚至不做。在每天或每周的开始,进行一次任务的优先级评估,可以帮助减少不必要的工作负担,确保时间和精力集中在最重要的任务上。同时,这也能提高应对紧急情况的灵活性和效率。

另一个避免过度计划的方法是定期进行自我反省和调整。在每天或每周的结束时,回顾一下实际完成的任务和未能按计划进行的事项,分析其中的原因,可以帮助个人更好地理解自己的工作模式和时间管理能力。根据这些反馈调整接下来的计划,不仅能提高时间利用效率,还能减少因不切实际的计划带来的压力和焦虑。

重视休息和个人时间也是避免过度计划的重要方面。长时间的工作和紧张的日程安排会导致身心疲劳,影响效率和创造力。因此,确保在日程中留出足够的时间来休息和放松,对于保持良好的工作和生活状态至关重要。无论是简短的休息时刻,还是规划的休假时间,都是恢复精力、提高生活质量的重要途径。

避免过度计划需要合理的时间感知、保持日程的灵活性、有效地管理任务优先级、定期进行自我反省和调整,以及重视休息和个人时间。通过这些策略,可以有效地减轻工作和生活的压力,提高效率和生活质量,使个人能够更加灵活和有效地应对生活中的各种挑战和变化。

第三节 拖延心理与对策

一、拖延的心理学原因

在当今社会,拖延成为一个普遍存在的问题。它不仅影响工作效率,还可能对个人的心理健康造成负面影响。探究拖延背后的心理学机制,有助于我们理解为什么个人会在没有外部压力的情况下,自我设限并推迟任务的完成。

恐惧失败是导致拖延的一个重要心理原因。许多人由于害怕失败和担心不能达到预期的效果,而选择推迟开始任务。这种恐惧源于对自己能力的怀疑,以及对失败可能带来的后果的过分担忧。当面对一个挑战性的任务时,这种恐惧感会更加强烈,进而导致拖延。例如,一名学生可能因为担心无法写出一篇优秀的论文,而选择不去开始写作,以避免面对可能的失败。

完美主义倾向也是导致拖延的一个心理因素。完美主义者追求完美无缺的结果,他们往往对工作或学习的标准要求极高。这种过高的期望会让他们在开始任务前感到巨大的压力,因为他们害怕无法达到这些标准。这种压力会导致完美主义者在实际操作中不断推迟任务,以避免面对自己达不到完美标准的可能性。

决策困难也是导致拖延的一个关键因素。一些人在面临需要做出决策的任务时,会感到焦虑和不确定,害怕做出错误的决策。这种不确定性会导致他们不愿意开始或继续进行任务,从而产生拖延。在这种情况下,个人往往会选择逃避而非直面问题,导致任务的延迟。此外,缺乏动机也是导致拖延的一个重要因素。当一个人对某项任务不感兴趣或认为这项任务不足够重要时,他们可能会选择推迟完成。缺乏动机可能源于任务本身不吸引人,或者个人未能认识到完成该任务的重要性。

情绪调节困难同样是导致拖延的一个心理原因。一些人可能会用拖延来应对压力或不愉快的情绪,他们可能会选择做一些更令人愉快的事情,以暂时逃避不愉快的任务。这种情绪调节方式虽然能短期内带来心理上的安慰,但长期看来会加剧拖延的问题。

理解拖延背后的心理学机制,可以帮助我们更好地认识到拖延的根源,并采取有效的策略来应对这一问题。例如,面对恐惧失败的情绪,可以尝试调整对任务的期望,将其分解为小步骤,逐步克服对失败的恐惧。对完美主义者来说,学会接受不完美,明白完成总比完美更重要,可以帮助他们减少因追求完美而产生的拖延。对于决策困难者,提高决策能力,学会接受并从错误中学习,是解决拖延的有效方法。对于缺乏动机的情况,找到任务的意义,或者为自己设定奖励,可以提高动力,减少拖延。而对于情绪调节困难者,学会更健康的应对压力的方法,如进行冥想、运动或与朋友交谈,可以帮助他们减少依赖拖延作为情绪调节的手段。

拖延是一个复杂的心理现象。它背后的心理学机制包括恐惧失败、完美主义倾向、决策困难、缺乏动机和情绪调节困难等。理解这些心理因素，并根据个人的具体情况采取适当的应对策略，可以有效地减少拖延行为，提高工作和学习的效率。

二、自我意识的培养

在克服拖延的过程中，自我意识的培养起着至关重要的作用。自我意识是指个体对自己的行为、情绪、想法和动机的认知和理解。通过提高自我觉察，个体能够更清晰地识别和理解自己的拖延行为模式，进而找到有效的方法来应对和改善这一问题。

培养自我意识的一个关键途径是日常反思。这包括对自己的行为进行回顾，识别何时何地以及在何种情境下更容易出现拖延行为。例如，通过回顾一天的工作和学习，可以发现在特定的时间段（比如，下午或晚上）或在面对特定类型的任务（比如，复杂或不愉快的任务）时更容易拖延。除此之外，反思自己在拖延前后的情绪和想法也非常重要。例如，个体可能会在拖延前感到焦虑或压力过大，而在拖延后感到短暂的轻松，但随后又伴随着愧疚和自责。

除了日常反思，自我监控也是提高自我意识的一个有效方法。这涉及对自己的行为进行持续的观察和记录。例如，可以使用日记或应用程序来记录每天的任务清单、完成的任务以及拖延的次数和原因。通过这种方式，个体不仅能够更清楚地看到自己的行为模式，还能够发现哪些策略对减少拖延有效，哪些无效。

理解自己的拖延行为的原因也是自我意识培养的重要部分。拖延的原因可能多种多样，包括对任务的恐惧、对失败的担忧、完美主义倾向、决策困难或简单的情绪调节问题。通过深入理解自己为什么会拖延，个体可以更有针对性地采取措施来应对。例如，如果发现自己拖延是因为对任务的恐惧，那么可以尝试将大任务分解成小的、易于管理的步骤来减少恐惧感。此外，设定明确的目标和计划也有助于提高自我意识。当个体有明确的目标和计划时，他们更能意识到拖延行为对实现这些目标的影响。例如，设定每日或每周的具体任务清单，不仅能帮助个体清晰地看到每天需要完成的任务，还能让他们意识到拖延行为对完成这些任务的潜在影响。

最后，寻求外部反馈也是提高自我意识的一种方法。这可能包括向家人、朋友或同事询问他们对个体拖延行为的看法，或者寻求专业人士的帮助。外部反馈可以提供不同的视角，帮助个体更全面地了解自己的行为模式。

自我意识的培养对于克服拖延至关重要。通过日常反思和自我监控，个体可以更清楚地识别和理解自己的拖延行为模式，从而采取有效的措施来改善。同时，理解拖延的原因、设定明确的目标和计划以及寻求外部反馈，也是提高自我意识的重要方法。通过这些方法，个体不仅能够减少拖延行为，还能提高整体的工作和学习效率。

三、目标设定策略

在日常生活和工作中，设定目标是推动个人发展和实现成就的关键。合理的目标设定可以提高个人的动力和效率，尤其是在面对庞大和复杂的任务时，能有效减少因任务看似难以管理而产生的拖延。为此，明确如何设定实际可行的短期和长期目标，并将大目标分解为小步骤，是十分必要的。

在设定长期目标时，应确保这些目标既有挑战性又具可达性。长期目标通常是个人或组织的最终愿景，它们指导着个人的行动方向和决策。例如，一个长期目标可能是成为某个领域的专家或在特定行业内取得显著成就。这样的目标应当具体到足以清晰地指导行动，同时又要足够宽泛，以适应随时变化的情况。在设定长期目标时，重要的是要考虑个人的兴趣、能力和资源，并确保这些目标与个人的价值观和生活计划相一致。

然而，仅仅设定长期目标是不够的，还需要将这些长期目标分解为实际可行的短期目标。短期目标像是通往长期目标的桥梁，它们具体、具有可操作性，并能在较短的时间内完成。通过设定短期目标，个人可以逐步接近长期目标，同时也能获得完成任务的即时满足感，从而提高持续动力。例如，如果一个长期目标是成为行业专家，短期目标可能包括完成特定的培训课程、阅读相关书籍、参与行业会议等。

将大目标分解为小步骤是避免拖延的有效策略之一。面对一个庞大的目标，人们往往会感到不知从何下手，从而产生拖延。将大目标分解成一系列小的、可管理的步骤，可以使任务看起来更容易完成。每完成一个小步骤，就能给个人带来成就感，增强下一步行动的动力。例如，在准备一份重要的报告时，可以将其分解为确定主题、收集资料、撰写草稿、编辑和审校等步骤。每完成一个步骤，都是向最终目标迈进了一小步。

此外，为每个小步骤设定明确的时间框架也是非常重要的。时间框架为个人的行动提供了明确的指引和截止日期，有助于提高时间管理效率，减少拖延。同时，这也使个人能够定期评估进度，及时调整策略以适应变化的情况。例如，可以为撰写报告的每个阶段设定一个具体的完成日期，确保整个过程按计划进行。

有效的目标设定包括设定实际可行的短期和长期目标，以及将大目标分解为小步骤。通过这样做，个人可以更有条理地规划和执行任务，减少因任务看似庞大和难以管理而产生的拖延。同时，这也有助于提高任务完成的效率和质量，使个人能够逐步实现自己的长期愿景和目标。通过明智的目标设定和计划，个人可以有效地提升自己的能力，实现自己的潜力，最终达成自己的职业和生活目标。

四、时间管理技巧

在快节奏的现代社会中，有效的时间管理是提高工作效率、达成个人目标的关键。掌握一些具体的时间管理技巧不仅可以帮助个人更好地规划和利用时间，还能减少压力，提高生活质量。以下是一些常用的时间管理技巧，它们已被广泛应用于各种工作和生活场景中。

番茄工作法是一种流行的时间管理方法，由弗朗西斯科·西里洛在20世纪90年代初发明。这种方法将工作时间分割为25分钟的工作单元（称为"番茄"），每个"番茄"之后伴随5分钟的短暂休息。每完成4个"番茄"，则可享受更长的休息时间，通常为15到30分钟。番茄工作法的优势在于它通过限定工作时间和休息时间，帮助人们保持专注，同时避免长时间工作导致的疲劳。这种方法特别适合那些容易分心或在面对长时间任务时感到压力的人。

优先级矩阵，也被称为艾森豪威尔矩阵，是另一种有效的时间管理工具。这个矩阵基于任务的紧急性和重要性将任务分为四类：紧急且重要、紧急但不重要、不紧急但重要、既不紧急也不重要。通过这种分类，个人可以更清晰地识别哪些任务应该优先处理，哪些可以延后，哪些可以委托给他人，以及哪些可以直接放弃。这种方法有助于个人避免花费时间在低价值的任务上，确保重要任务得到优先完成。

日程规划是时间管理的基础。这包括每日、每周甚至每月的计划安排，以确保所有的任务和活动都得到适当的安排和管理。有效的日程规划不仅包括工作任务，还应包括个人时间、休息时间和娱乐活动。通过合理规划日程，个人可以确保平衡工作和生活，减少因时间紧张和任务冲突造成的压力。

时间阻塞或时间批量处理是另一种有效的时间管理技术。这种技术涉及将类似的任务集中在一段时间内处理，而不是在一天中分散处理。例如，将所有的会议安排在周一进行，或将一天中的某个时间段专门用于处理电子邮件和其他通信任务。时间阻塞有助于减少任务切换所消耗的时间和精力，提高工作效率。

最后，学会说"不"也是一种重要的时间管理技巧。在日常工作和生活中，总会有各种要求和邀请。学会拒绝那些不重要或与个人目标无关的请求，可以帮助个人更好地保护自己的时间，确保有足够的时间专注于重要的任务和活动。

有效的时间管理不仅需要正确的方法和技巧，还需要个人对自己的时间和任务有清晰的认识和掌控。通过实践上述时间管理技巧，如番茄工作法、优先级矩阵、日程规划、时间阻塞以及学会说"不"，个人可以更有效地规划和利用时间，提高工作效率，同时保持工作与生活的平衡。这不仅有助于提高任务完成的质量和效率，还能提升个人的整体生活满意度。

第四节 休息与放松技巧

一、深度放松方法

在当今快节奏、高压力的生活环境中，深度放松技巧成为调节身心状态、减轻压力的重要手段。深度放松不仅可以帮助人们缓解紧张和焦虑，还能够提高睡眠质量，增强集中注意力的能力，从而有效地恢复精力。以下是几种常见且有效的深度放松技巧。

冥想是一种古老而广泛应用的深度放松方法。它通过训练人们专注于当前的体验，如呼吸、身体感觉或某个特定的思维，来达到放松的目的。进行冥想时，可以选择一个安静、舒适的环境，坐下或躺下，闭上眼睛，集中注意力于自己的呼吸或身体的某个部分，将注意力从日常烦恼和杂念中解脱出来。初学者可以从每天几分钟开始，逐渐增加冥想的时间。随着练习的深入，冥想不仅能帮助人们在练习期间放松，还能在日常生活中提高应对压力的能力。

深呼吸练习也是一种简单有效的深度放松技巧。深呼吸通过放慢呼吸节奏、加深呼吸深度来放松身体和心灵。实施时，可以坐在一个安静的地方，深深地吸一口气，尽可能地填满肺部，然后缓慢地呼气，释放所有的空气。在呼吸时，可以专注于呼吸的感觉，如空气流过鼻孔的感觉、胸部和腹部的起伏。这种方法可以在任何时间和地点进行，特别适合在感到紧张和焦虑时使用，帮助我们迅速恢复平静。

渐进性肌肉放松训练是另一种有效的深度放松方法。这种方法通过有意识地紧张和放松身体的不同肌肉群，来达到放松的效果。练习时，可以从身体的一端开始，如脚部，逐渐向上进行，直到头部。对于每一组肌肉，先紧张几秒钟，然后完全放松。这种对比可以使人更清楚地感受到放松的感觉，并有助于减轻身体的紧张状态。

瑜伽和太极也是深度放松的有效方法。这些练习结合了身体动作、呼吸控制和冥想，不仅能够放松身体，还能平静心灵。通过定期练习瑜伽或太极，可以增强身体的灵活性和力量，同时提高精神的平和和专注力。

音乐和自然声音也是放松的好方法。柔和的音乐或自然的声音，如海浪声、鸟鸣声，能够帮助人们放松心情，减轻压力。可以在休息时播放这些声音，帮助身心放松。

深度放松技巧有助于减轻身心压力并恢复精力。无论是冥想、深呼吸练习、渐进性肌肉放松训练，还是瑜伽、太极或音乐放松，这些方法都可以帮助人们在紧张忙碌的生活中找到平衡，保持身心健康。通过定期练习这些放松技巧，可以有效地提高生活质量和工作效率，帮助人们更好地应对日常生活中的挑战。

二、充足的睡眠

在快节奏的现代生活中，睡眠质量对于个人的健康和日常表现至关重要。充足和高质量的睡眠不仅是身体恢复的基本需求，还对精神集中、情绪稳定和长期健康有着不可忽视的影响。不良的睡眠习惯会导致多种问题，包括记忆力下降、注意力不集中、情绪波动，甚至对免疫系统和心血管健康造成长期的负面影响。因此，掌握改善睡眠质量的方法，对于提高生活质量和工作效率具有重要意义。

首先，保持规律的睡眠时间对于提高睡眠质量至关重要。人体的生物钟依赖于规律的睡眠模式来调节身体功能。保持每天同一时间上床睡觉和起床，可以帮助稳定身体的内部时钟，从而提高入睡的速度和睡眠的深度。即使在周末或休假日，也应尽量保持相似的睡眠时间，这有助于维持良好的睡眠节律。

其次，创造一个安静和舒适的睡眠环境是提高睡眠质量的关键因素。环境的因素，如光线、温度和噪声水平，对睡眠有着重要影响。一个理想的睡眠环境应该是黑暗、安静和凉爽的。使用遮光窗帘或睡眠面罩可以帮助阻挡干扰的光线，耳塞或消声机可以减少噪声干扰。此外，保持卧室的温度在一个舒适的范围内，通常是稍微偏凉的温度，有助于快速入睡和进入深度睡眠。

控制晚间的咖啡因和酒精摄入量也是改善睡眠质量的重要因素。咖啡因和酒精虽然在短期内能够刺激精神或带来放松感，但它们对睡眠周期有着负面影响。咖啡因能够延迟人体的睡眠时钟，减少深度睡眠时间，而酒精则可能导致睡眠中断和睡眠质量下降。因此，建议在晚上避免摄入高咖啡因饮品和过量饮酒。

定期进行身体锻炼是另一种改善睡眠质量的有效方法。适度的身体活动能够帮助提高睡眠的深度，并延长深度睡眠阶段。但需要注意的是，避免在睡前进行高强度的运动，因为这可能导致身体过于兴奋，反而难以入睡。此外，建立一个固定的睡前例行程序也有助于提高睡眠质量。睡前的例行活动，如阅读、听轻音乐或洗热水澡，可以作为放松身心的信号，帮助大脑和身体准备进入睡眠状态。避免在睡前使用电子设备，如手机和电脑，因为这些设备发出的蓝光会抑制身体产生褪黑素，这是一种有助于调节睡眠的激素。

如果长期遭受睡眠问题困扰，如失眠或睡眠质量持续低下，建议寻求专业人士的帮助。睡眠障碍可能是其他健康问题的症状，及时的诊断和治疗对于恢复健康的睡眠至关重要。

充足和高质量的睡眠对于精神集中、情绪稳定和维持良好的身体健康至关重要。通过保持规律的睡眠时间、创造安静舒适的睡眠环境、控制咖啡因和酒精摄入、定期进行身体锻炼以及建立固定的睡前例行程序，可以有效地改善睡眠质量。如果遇到持续的睡眠问题，寻求专业人士的帮助是必要的。通过改善睡眠质量，可以大大提高生活和工作的效率和质量。

三、有意识的休闲活动

在紧张忙碌的生活中，休闲活动不仅是放松身心的途径，也是重振精神的重要手段。选择有意识的休闲活动，可以帮助人们从日常的压力中解脱出来，提升生活质量，增强工作效率。休闲活动的选择应当根据个人的兴趣、需求和身体状况来决定，以确保它们能够真正帮助放松和充电。

读书是一种常见且效果显著的休闲活动。通过阅读，不仅可以获得知识和信息，还能够进入一个完全不同的世界，从而暂时忘却日常生活中的烦恼和压力。读书时，可以选择那些引人入胜的小说、提升心灵的鸡汤书籍或者与个人兴趣相关的非小说类作品。无论是在安静的咖啡馆、家中的书房还是公园的长椅上，找到一个舒适的角落，沉浸在书籍带来的世界中，是一种非常有效的放松方式。

运动也是一种极佳的休闲活动。无论是轻松的散步、有氧运动，还是更具挑战性的力量训练，运动都能够帮助我们释放身体中的紧张感，同时释放内啡肽，这是一种自然的"快乐荷尔蒙"，能有效改善心情。此外，运动还有助于改善睡眠质量，增强身体免疫力。重要的是选择一项自己喜欢的运动，这样才能在享受运动的过程中达到放松的目的。

瑜伽是一种融合了身体和精神的休闲活动。它通过各种体式和呼吸技巧，帮助人们放松肌肉，减少身体的紧张和疼痛。同时，瑜伽也是一种冥想的形式，能够帮助清理杂乱的思绪，达到内心的平静。瑜伽不仅适合身体灵活的人群，许多瑜伽动作都有不同程度的变化，适合各种体能水平的人参与。

发展兴趣爱好也是放松心情和重振精神的有效方式。人们可以根据自己的兴趣选择爱好，如画画、园艺、烹饪、摄影或手工艺等。这些活动能够让人专注于当下，忘记工作或生活中的压力。同时，完成一个爱好项目还能给人带来成就感和满足感。

除了上述活动，还有许多其他方式可以作为休闲活动，如听音乐、看电影、与家人朋友聚会等。重要的是找到那些能让自己真正放松和愉悦的活动，并有意识地将它们纳入日常生活。

总之，有意识地选择休闲活动对于放松心情、重振精神具有重要作用。通过阅读、运动、瑜伽或发展兴趣爱好，人们不仅可以从日常的忙碌中抽身，还能通过这些活动获得身心的愉悦和满足。在紧张的工作和生活节奏中，合理安排休闲时间，选择适合自己的放松方式，对于维持健康的生活方式和提高生活质量至关重要。

四、避免过度使用电子设备

在当今数字化时代，电子设备已成为人们日常生活中不可或缺的一部分。

第五章　有效时间管理的实践

然而，过度使用电子设备，尤其是在休息时间，可能对睡眠质量和精神恢复产生负面影响。屏幕时间的过度增加会导致疲劳和注意力分散，而且屏幕发出的蓝光还会干扰睡眠周期。因此，有效管理电子设备的使用，尤其是在放松和休息的时候，对于保持良好的身心健康至关重要。

首先需要意识到的是，电子设备尽管在工作和生活中发挥着重要作用，但它们也带来了持续的信息流和潜在的压力。不间断的通知和信息更新会持续占据人们的注意力，使大脑难以得到休息。此外，社交媒体和网络内容往往会造成比较和焦虑，从而影响心理健康。因此，合理控制电子设备的使用，特别是在休息时间，显得尤为重要。

为了减少在休息时间过度使用电子设备，可以采取一些具体的策略。例如，设定专门的"无屏幕时间"，在这段时间内完全远离所有电子设备。这段时间可以用来进行一些无须屏幕的活动，如阅读纸质书籍、进行户外活动或与家人朋友面对面交流。这不仅能减少对电子设备的依赖，还能提高人际交往的质量和深度。

此外，睡前避免使用电子设备也是改善睡眠质量的重要方法。电子设备的屏幕会发出蓝光，这种光线会抑制身体产生褪黑素。褪黑素是一种调节睡眠的激素。因此，建议在睡前至少一小时内不使用任何电子设备，转而进行一些有助于放松的活动，如听轻音乐、阅读或冥想。

为了有效减少电子设备的使用，还可以利用各种应用程序或设备设置来控制屏幕时间。许多手机和电脑都提供了屏幕时间追踪和控制功能，可以设定应用使用时间的上限或禁用某些应用。通过这些工具，可以更有意识地管理个人电子设备的使用习惯，避免无意识地长时间沉迷于屏幕。

同时，将电子设备放在卧室之外也是一个有效的策略。将手机、平板电脑或笔记本电脑放在另一个房间，可以减少睡前使用设备的诱惑，同时也能提高睡眠环境的质量。如果需要用手机闹钟，可以考虑使用传统的闹钟替代，或将手机置于房间另一端。

虽然电子设备在现代社会中扮演着重要角色，但过度使用会对睡眠质量和精神恢复产生负面影响。通过设定"无屏幕时间"、睡前避免使用电子设备、利用屏幕时间控制工具以及将设备放在卧室之外等策略，可以有效减少电子设备的过度使用，从而保护身心健康，提高生活质量。通过有意识地管理电子设备的使用，人们可以更好地控制自己的时间和注意力，享受更加健康和平衡的生活。

第六章　学业压力的应对策略

在现代社会中，学业压力成为许多学生日常生活的一部分。面对这种挑战，理解和掌握有效的应对策略变得至关重要。本章旨在探讨一系列既实用又有效的方法，帮助学生有效管理和减轻学业带来的压力。从认知重构和情绪调节的角度出发，我们将探讨如何通过改变思维方式和调整情感来应对挑战。接着，我们将介绍一些压力释放和放松技巧，这些技巧有助于身心的放松和恢复。此外，本章还将讨论时间管理在压力调节中的重要作用，以及如何通过合理安排时间来减轻压力感。最后，我们将探索求助和建立支持系统的重要性，这对于应对学业压力、维持心理健康具有重要意义。通过这些综合性的策略，学生可以更好地应对学业压力，从而在学习和生活中保持平衡和健康。

第一节　认知重构与情绪调节

一、理解认知重构

认知重构是心理学中的一个重要概念，涉及通过改变个人对某些情况的认知方式来减轻压力和焦虑。认知重构的理论基础来源于认知行为疗法，这种疗法认为个人的情绪和行为受到其认知方式的影响。换句话说，个人对事件的解释和评价决定了他们对这些事件的情感反应和行为。因此，改变这些认知模式可以帮助人们以更健康的方式应对压力和挑战。

在应对学业压力方面，认知重构尤为重要。学生在学业上面临的挑战往往伴随着强烈的情绪反应，如焦虑、沮丧和自我怀疑。这些情绪反应通常是基于对学业挑战的消极认知，例如，认为自己无法应对考试，或认为失败意味着不够聪明。通过认知重构，学生可以学会以更积极、现实的方式来看待这些挑

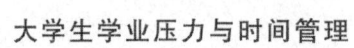

战，从而减轻负面情绪并提高应对挑战的能力。

认知重构的过程通常涉及几个步骤。首先是识别和意识到自己的消极认知模式。这需要个人对自己的思考方式进行反思和分析，识别那些导致负面情绪和不健康行为的思维模式。例如，一个学生可能意识到，他总是在考试前认为自己会失败，这种思维导致了极大的焦虑和逃避学习的行为。接下来的步骤是质疑和挑战这些消极的认知模式。这包括对这些认知的真实性和合理性进行质疑，寻找证据来支持或反驳这些认知。例如，学生可以回顾过去的成功经历，或考虑到考试失败并不代表自己的全部能力。最后一步是用更积极、现实的认知来替换原有的消极认知。这意味着创建一种更健康的思维方式，来看待挑战和困难。例如，学生可以开始认为考试是检验学习的一种方式，即使成绩不理想，也是学习和成长的机会。

认知重构不仅能帮助学生应对学业压力，还能提高他们的整体幸福感和生活质量。通过学习如何以更健康的方式思考和解释生活中的事件，个人可以减轻压力和焦虑，提高应对生活挑战的能力。此外，认知重构还有助于提高个人的自尊和自我效能感，因为它们开始以更积极的方式看待自己和自己的能力。

认知重构是一种强大的工具，可以帮助人们改变对挑战的看法和反应。通过识别和改变消极的认知模式，人们可以更有效地应对学业压力，提高生活的满意度和幸福感。通过练习和应用认知重构的技巧，个人可以学会更积极地面对生活中的挑战和困难，从而实现更健康、更满意的生活。

二、识别消极思维

在学业生涯中，学生常常面临各种压力和挑战，这些挑战往往伴随着消极思维的出现。消极思维是心理压力的一个重要来源，特别是在学业上，它们往往以"灾难化思维"或"全非思维"的形式出现，并加剧了学生的压力和焦虑。教授学生如何识别和挑战这些消极思维模式，是帮助他们应对学业压力的有效方法。

"灾难化思维"是指在面对问题时过度夸大其负面影响的倾向。例如，一名学生可能因为一次考试成绩不佳就认为自己会失败，或者认为自己永远不会在学习上成功。这种思维模式使学生倾向于预期最糟糕的结果，而忽视了更多中性或正面的可能性。

"全非思维"则是将事物看作非黑即白的极端方式。在这种思维模式下，学生往往认为事情只有完全正确或完全错误，没有中间地带。比如，他们可能认为，除非每件事都做得完美，否则就是彻底的失败。这种思维方式忽略了事物的复杂性和多样性，导致学生在面对困难和挑战时感到压力倍增。

识别消极思维的第一步是意识到自己的思维模式。当学生遇到挑战时，他们需要停下来，观察自己的内心对话。这可能需要一些时间和练习，但通过有意识地注意自己的思维方式，学生可以开始识别那些不切实际和消极的思维模式。

一旦识别出这些消极思维，下一步就是挑战它们。挑战消极思维意味着质疑这些思维的合理性和准确性。学生可以通过提问来实现这一点，例如，"我有什么证据支持这种想法吗？""还有其他更积极或现实的解释吗？""如果我对朋友提出这样的建议，他们会怎么想？"通过这些问题，学生可以开始理解自己的思维模式可能过于悲观或极端，从而逐渐培养出更加平衡和现实的思维方式。

除了质疑消极思维，另一种挑战消极思维的方法是通过积极对话来替换这些思维。这意味着用更加积极、支持性的语言来对待自己。例如，代替"我在这次考试中肯定会失败"的想法，可以是"即使这次考试我没有做到最好，我仍然有机会学习和改进"。

识别和挑战消极思维对于应对学业压力至关重要。通过意识到并质疑自己的灾难化思维或全非思维，学生可以逐步发展出更加现实和积极的思维模式。这不仅有助于减轻压力和焦虑，还能提高学生的学业表现和整体幸福感。通过持续的努力和练习，学生可以学会更加积极地面对学业上的挑战和压力，从而在学业和生活中取得更好的成就。

三、实践积极思维

在面对学业压力和日常挑战时，培养积极和现实的思维方式对于个人的心理健康和整体幸福感非常重要。积极思维不仅能够帮助人们更好地应对困难，还能提升自信、增强抗压能力，从而在学业和生活中取得更好的成就。以下是一些具体的技巧和练习，旨在帮助学生培养更积极和现实的思维方式。

第一，日记记录是培养积极思维的有效工具。通过每天记录自己的想法、感受和经历，学生可以更清楚地了解自己的思维模式。尤其是在面对挑战和困难时，写日记可以帮助学生更客观地分析问题，识别那些不合理或消极的想法。在写日记的过程中，鼓励学生记录下自己一天中的积极体验，无论多么小的成就或快乐的时刻都值得记录。这种习惯有助于学生逐渐培养出关注积极事物的思维习惯。

第二，自我反思是提升积极思维的另一种重要方法。这需要学生花时间去思考自己的想法、感受和行为背后的原因。自我反思可以在每天的某个固定时间进行，例如，在晚上睡前。在反思过程中，学生可以问自己一些问题，如"今天我学到了什么？""我如何应对今天的挑战？""我能从今天的经历中得到哪些积极的启示？"这些问题有助于学生从日常经历中提炼出积极的信息和教训。

第三，设定实际可达成的目标也是培养积极思维的一个重要方面。通过设定并实现小目标，学生可以获得成就感，增强自信心。这些目标应该是具体、量化，并且可实现的。例如，可以设定一个学习目标，如"这周完成数学作业并复习所有相关知识点"。每当完成这些小目标时，学生应该自我肯定，认识到自己的努力和进步。此外，积极的自我激励对于培养积极思维同样重要。学生可以通过自我鼓励的话语来提升自己的积极情绪和动力。例如，面对困难时，可以对自己说："我可以做到这一点"或者"每个挑战都是一个成长的机会"。这种积极的自我对话有助于增强学生面对挑战的信心和能力。

学习从失败中寻找积极的一面也是培养积极思维的重要部分。失败和挑战是生活的一部分，重要的是学会从中学习和成长。每当遇到失败时，鼓励学生去思考："我从这次经历中学到了什么？""下次我可以怎样做得更好？"这样的思考方式有助于学生从消极的经历中提取积极的教训，变挑战为成长的契机。

通过日记记录、自我反思、设定实际可达成的目标、积极的自我激励和从失败中寻找积极面，学生可以逐渐培养出更加积极和现实的思维方式。这些技巧和练习不仅有助于学生应对学业上的压力和挑战，还能在日常生活中提升他们的幸福感和满足感。通过持续的实践和努力，学生可以学会用更加积极的视角看待生活中的各种经历，从而成为更加坚强和乐观的人。

四、情绪调节技巧

在现代社会的快节奏和高压力环境下，学生常常面临各种挑战和压力，这些挑战往往伴随着各种情绪的波动。学会有效地调节情绪，对于保持心理健康、应对学业压力和日常生活中的挑战至关重要。

在面对大学生学业压力时，采用多种情绪调节策略对于维持心理健康和提高学习效率至关重要。除了常见的深呼吸、冥想和正念，还有其他一些方法可以帮助学生有效地管理压力。

身体运动，比如，跑步、游泳或参加团队运动，不仅对身体健康有益，也能促进心理健康。运动时身体会释放内啡肽，这种被称为"快乐荷尔蒙"的物质，可以自然地缓解压力和焦虑。此外，通过参与艺术活动，如绘画、写作或音乐，学生可以表达自己的情感，转移注意力，从而减少对压力源的关注。

社交支持也是缓解压力的重要方式。与朋友和家人分享自己的感受和经历，不仅可以减轻心理负担，还能从他人那里获得支持和鼓励。此外，加入兴趣小组或参与群体活动也可以提供宝贵的社交支持，帮助学生感觉到自己并不孤单。

学会有效的时间管理是减轻学业压力的另一关键策略。合理安排时间，设定可实现的目标和休息时间，可以帮助学生更好地掌控自己的日程，从而减少由于时间紧张而产生的压力。而通过自我反思和日记写作，学生也可以更深入地了解自己的情绪。这种方法有助于识别和处理压力的源头，发展出有效的应对策略。通过这些综合的方法，大学生不仅可以在面对紧张和压力时保持冷静和清晰的思考，还能提高他们的整体福祉和学习效率。

除了上述技巧，其他的情绪调节方法还包括进行体育锻炼、听音乐、和朋友交流等。体育锻炼能够释放内啡肽，提升情绪；音乐能够缓解心理压力，带来心灵的放松；与朋友的交流则能提供情感支持和不同的视角。这些活动能够帮助学生从不同角度调节情绪，提升生活质量。

有效的情绪调节技巧对于学生应对学业压力和日常生活挑战至关重要。通过实践深呼吸、冥想、正念等方法，学生可以学会在压力情境中保持冷静和清晰的思考，从而更好地应对挑战。除此之外，体育锻炼、听音乐和与人交流等活动也能有效地帮助学生调节情绪，提高心理健康和幸福感。通过这些方法，学生可以建立起强大的心理防御机制，应对生活中的各种挑战，从而实现更加健康和充实的生活。

第二节 压力释放与放松技巧

一、生活习惯的调整

在当今快速变化的社会环境中，大学生常常面临着来自学业、人际关系和未来规划的多重压力。有效地管理这些压力，不仅需要良好的时间管理和学习技巧，还需要建立健康的生活习惯。日常生活习惯对压力管理具有深远的影响，它们包括规律的作息时间、均衡的饮食习惯，以及避免滥用刺激性物质，这些习惯能够显著提高学生的身体健康和心理抗压能力。

首先，规律的作息时间对于压力管理至关重要。睡眠质量直接影响到大脑的功能，包括记忆、注意力和情绪调节。不规律的睡眠模式或睡眠不足会导致认知功能下降，影响学习效率和情绪稳定性。大学生应该努力保持每天的睡眠时间一致，确保足够的睡眠。良好的睡眠习惯包括避免在睡前使用电子设备、保持睡眠环境的舒适和安静，以及避免晚间摄入咖啡因等刺激性物质。通过确保高质量的睡眠，学生可以在白天保持更好的精神状态，更有效地应对学业和生活中的挑战。

其次，健康的饮食习惯对于缓解压力同样重要。均衡的饮食可以提供必要的营养，支持大脑和身体的健康运作。健康饮食应包括丰富的全谷物、新鲜的果蔬、适量的蛋白质和健康脂肪。这些营养素不仅有助于维持体能，还能促进大脑功能，帮助学生保持良好的注意力和记忆力。此外，应避免过度摄入糖分和加工食品，因为这些食品会引起血糖的快速升降，导致能量波动和情绪不稳。通过维持健康的饮食习惯，学生能够更好地控制他们的能量水平和情绪状态，进而有效应对学业和生活中的压力。

避免滥用刺激性物质也是压力管理的一个重要方面。许多学生在面对压力时可能会诉诸于咖啡因、尼古丁或酒精等刺激性物质。虽然这些物质可能在短期内提供暂时的缓解感，但长期来看，它们可能加剧压力和焦虑的程度。例如，过量摄入咖啡因可能导致心悸、失眠和焦虑，而酒精则可能影响睡眠质量和情绪稳定性。因此，建议学生在面对压力时，寻找更健康的应对策略，如运动、交谈或从事兴趣爱好。

除了以上提到的三方面，日常生活中还有其他习惯也对压力管理起着重要作用。例如，定期的身体锻炼可以有效减轻压力。运动不仅能改善身体健康，还能释放内啡肽，舒缓心情和减少焦虑。此外，建立社交网络，与朋友和家人保持良好的关系，也是管理压力的有效方式。良好的社交关系可以提供情感支持，帮助学生在面对压力时感到更加安心。

通过调整和优化日常生活习惯，大学生可以更有效地管理压力，提高生活质量。这些习惯的改善不仅能提高学生的身体健康水平，还能增强他们的心理抗压能力，使他们在面对学业和生活中的挑战时，能够表现出更好的适应性和韧性。因此，对希望在大学期间保持高效学习和健康生活的学生来说，培养和维持这些良好的生活习惯是至关重要的。

二、身体运动

在当代社会，随着生活节奏的加快和工作压力的增大，身体运动作为缓解心理压力和提高身体健康水平的有效手段，其重要性日益凸显。定期进行身体运动，如散步、跑步、瑜伽或其他形式的运动，不仅对身体健康有着极大的益处，同时也对精神状态和情绪调节具有显著的正面影响。

身体运动的益处首先体现在其对身体健康的积极作用上。规律的运动可以加强心肺功能，提高新陈代谢水平，强化肌肉和骨骼，以及帮助维持健康的体重。此外，运动还有助于改善睡眠质量，增强免疫系统的功能，降低患多种慢性疾病的风险，如心脏病、糖尿病和某些类型的癌症。

从心理健康的角度来看，运动能够显著减轻心理压力，提升情绪和精神状态。运动时，身体会释放一系列的化学物质，其中最为人熟知的是内啡肽。内啡肽是一种类似吗啡的自然镇痛剂，能在身体运动时释放，从而带来愉悦感和减轻疼痛的作用。这种被称为"跑者的高潮"的现象，可以解释为何经过一段时间的运动之后，人们会感到精神振奋、情绪愉快。

除了内啡肽，运动还能刺激其他几种神经递质的释放，如多巴胺、血清素和去甲肾上腺素。这些化学物质对调节心情、缓解压力和增强认知功能都有着重要作用。例如，血清素与抑郁症的治疗有关，而多巴胺则与奖励和快乐感觉相关。因此，通过运动提高这些神经递质的水平，可以有效提升情绪，减轻焦虑和抑郁的症状。

运动的形式多样，选择适合自己的运动方式至关重要。例如，对喜欢安静和专注的人来说，瑜伽和太极可能是理想的选择；而对于喜欢激烈运动和社交互动的人，则可能更适合团体运动或跑步。重要的是找到自己喜欢的运动方式，并将其融入日常生活。此外，运动计划应该根据个人的身体状况和健康水平来制订。对刚开始运动的人来说，可以先从低强度的活动开始，如散步或轻松的瑜伽，然后逐渐增加运动的强度和持续时间。同时，保持运动的规律性也非常重要。建立固定的运动习惯，不仅能够帮助提高身体健康，还能够增强心理的韧性。

三、放松技术

在紧张的学习周期中，学生常常会感到身体精神上的紧张。为了帮助他们保持身心的平衡与健康，采用合适的放松技术至关重要。这些技术能够有效缓解紧张感，提升整体的福祉感，使学生能够更好地应对学习中的挑战。

肌肉放松练习是一种非常有效的缓解身体紧张的方法。这种练习通常包括一系列的步骤，目的是逐渐放松身体的每一部分肌肉，从而减轻紧张和焦虑。

在练习过程中，学生被引导先紧张特定的肌肉群，保持几秒钟，然后放松。通过这种方式，学生可以更加意识到身体的紧张感，并学会如何主动控制和减轻这种紧张。随着练习的深入，学生会逐渐学会如何快速识别和缓解身体中的紧张，这对长时间坐着学习的学生来说尤为重要。

另外，热水浴也是一种极佳的放松方式。热水浴不仅能够放松肌肉，还能促进血液循环，缓解一天的疲劳。当身体浸泡在温暖的水中时，热量能够深入肌肉，促进紧张部位的放松。此外，热水浴也是一种极佳的情绪调节工具，不仅能够帮助学生从繁重的学习中暂时抽离，还会给予心灵一段短暂的休息和恢复时间。在这段时间里，学生可以放松思维，享受片刻的宁静，为接下来的学习任务积蓄能量。

按摩是另一种有效的缓解身体紧张和压力的方法。通过对身体特定部位的按摩，可以促进血液循环，加速新陈代谢，从而缓解肌肉紧张和疼痛。对经常感到肩颈僵硬、背部疼痛的学生来说，定期进行专业的按摩疗程或者自我按摩，能够显著改善这些症状，提高学习和生活的质量。此外，按摩过程中的身体接触也能够释放正面的情感和能量，帮助学生放松心情，减轻心理压力。

除了上述提到的放松技术，还有许多其他方法能够帮助学生在紧张的学习期间保持平衡和健康。例如，进行深呼吸练习、冥想、瑜伽、快走等活动，都能够有效地缓解身心的紧张。这些活动不仅能够提升身体的柔韧性和耐力，还能够增强心理的韧性，帮助学生更好地应对学习中遇到的挑战。

通过肌肉放松练习、热水浴、按摩等一系列放松技术，学生能够有效地缓解身体的紧张和压力。这些技术不仅能够改善学生的身体状况，还能够提升他们的情绪和心理健康，为学习和生活提供更多的正能量。因此，鼓励学生在紧张的学习周期中，定期采用这些放松技术，将会对他们的整体福祉产生深远的影响。

四、兴趣爱好

在教育的长河中，兴趣爱好不仅是学生个性的延伸，更是他们身心发展不可或缺的一部分。在学业的紧张和生活的压力之间，兴趣爱好像一股清流，为学生提供了一个宝贵的转移注意力的出口，帮助他们减轻压力，找到生活与学习间的平衡。艺术创作、音乐、阅读和园艺等多种形式的爱好，不仅能够丰富学生的精神世界，还能在无形中培养他们的情感智力，提高生活的质量。

艺术创作，作为一种情感和创意的自由表达，为学生提供了一个展示个性和情感的平台。通过绘画、雕塑或者摄影，学生能够将内心的思绪和感受转化为有形的作品，这不仅能够帮助他们更好地认识自我，还能增强他们的自我价值感。在艺术创作过程中，学生需要投入极高的注意力和细致的情感，这种专注的状态有助于他们从日常的学业压力中抽离出来，达到一种心理上的放松和减压。

音乐，作为一种普遍的语言，对于情感的表达和宣泄具有独特的力量。无论是演奏乐器还是聆听音乐，音乐都能够触达人们内心最深处的情感，帮助学生释放压力，激发创造力。参与音乐活动不仅能够提升学生的音乐素养，还能促进他们的社交能力和团队合作精神。当学生在乐团或合唱团中与他人协作，共同完成一首曲目时，他们不仅学会了倾听和理解，还体会到了合作的乐趣和成就感。

阅读，作为一种知识和情感的探索，可以开阔学生的视野，丰富他们的内心世界。通过阅读，学生可以跨越时间和空间的限制，与书中的人物共情，体验不同的生活和文化。这种情感上的共鸣不仅能够促进学生的同理心发展，还能帮助他们建立起对世界的多元理解。此外，阅读还能够提升学生的语言表达能力和思维能力，为他们的学业和个人成长奠定坚实的基础。

园艺，作为一种与自然直接接触的活动，能够让学生体验到生命的循环和自然的力量。在照料植物的过程中，学生不仅可以学习到生物学的知识，还能培养责任感和耐心。园艺活动要求学生观察植物的生长环境和生长状况，这种细致的观察能够锻炼他们的注意力和观察力。同时，看着自己努力培育的植物茁壮成长，学生能够感受到成就感和满足感，这对于缓解学业压力和提升生活质量具有积极的影响。

在今天这个快速变化的社会中，学业压力和生活压力给学生带来了巨大的挑战。兴趣爱好不仅能够为学生提供一个情感宣泄的渠道，还能帮助他们在学习和个人生活之间找到一个平衡点。通过参与艺术创作、音乐、阅读和园艺等活动，学生不仅能够丰富自己的精神世界，还能在这个过程中发现自我，增强自信。因此，鼓励学生发展和参与个人兴趣爱好，对于他们的全面发展具有重要的意义。这不仅是对学生个性的肯定和支持，更是帮助他们建立起一种健康、积极的生活态度和价值观的重要途径。在兴趣爱好的世界中，学生可以找到属于自己的宁静角落，在这里，他们可以自由地探索、表达和成长，最终成为一个更加完整、更有韧性的人。

第三节　时间管理在压力调节中的作用

一、时间管理的基本概念

在当代社会，时间被视为一种宝贵的资源，其管理已成为个人和专业成功的关键因素之一。时间管理是一门艺术，涉及对时间的规划、组织、领导和控制，旨在最大限度地提高个人和集体的效率、效果和生产力。对学生而言，掌握时间管理的基本原则和理念尤为重要，因为这不仅能帮助他们应对日益增长的学业压力，还能在紧张的学习生活中找到平衡，提高学习效率。

时间管理的核心在于认识到时间的有限性和不可恢复性。每个人每天都有固定的时间，如何使用这些时间决定了个人的成就和满足感。有效的时间管理策略可以帮助学生识别和优先考虑最重要的任务，同时减少浪费时间在低优先级或不重要的活动上。通过设定具体可实现的目标，学生可以更有目的地分配时间，确保关键任务得到完成，从而减轻学业压力。

为了有效管理时间，首先需要进行自我反省，了解自己在时间使用上的优势和弱点。这包括识别时间浪费的来源，比如，社交媒体、拖延或过度完美主义。识别这些习惯后，学生可以采取措施来减少它们的影响，例如，设定时间限制来检查社交媒体或使用番茄工作法来克服拖延。

制订时间表或计划是时间管理的另一个关键方面。这不仅包括日常和周计划，也涵盖长期目标和计划。通过将时间分配给学习、休息和休闲活动，学生可以确保他们在努力学习的同时也有时间放松和充电。这种平衡对于维持高效的学习和防止燃烧殆尽是至关重要的。

学生还应该学会设置优先级，区分任务的紧急性和重要性。这意味着识别哪些任务对实现学术目标最为关键，并将它们放在首位。有效的时间管理还包括了解何时寻求帮助。当任务超出个人能力范围时，及时寻求教师、同学或导师的帮助可以节省大量时间，减少不必要的压力。此外，良好的时间管理还需要适当的休息和睡眠。研究表明，充足的休息对于记忆、注意力和整体健康至关重要。因此，学生应该避免牺牲睡眠时间来完成学业任务，而应该在计划中预留足够的时间来确保充足的休息。

在实践中，时间管理也涉及灵活性和适应性。尽管制订计划是必要的，但同时也需要对突发事件和变化做出快速反应。学生应该学会在必要时调整计划，以适应新的要求或优先级的变化。

总之，时间管理是一个复杂但至关重要的过程，对学生来说，它不仅是应对学业压力的有效工具，也是实现个人和学术成功的基石。通过认识到时间的价值，学习有效的管理技巧，并将这些原则应用到日常生活中，学生可以提高学习效率，减少压力，最终实现更平衡、更充实的生活。随着时间管理能力的提高，他们将发现自己能够更加自信地面对挑战，抓住机遇，实现个人目标。在这个过程中，重要的是要记住，时间管理不仅仅关乎效率和生产力，也关乎做出有意义的选择，以确保我们的时间被用于对我们最重要的事情上。

二、设定实际目标

在学术和个人发展的复杂迷宫中，目标的设定如同灯塔，照亮前方的道路，指引着我们向着梦想前进。而在这个过程中，理解如何将宏伟的梦想拆解为可实施的小步骤，无疑是减轻压力、避免焦虑的关键。

在设定目标时，重要的是认识到不是所有的目标都是一蹴而就的。成功往往是一系列小胜利的累积。因此，将长期的学习目标细化为短期的、可实现的任务，不仅使得目标看起来更加可达，也为我们提供了沿途的里程碑，让我们可以在实现它们的过程中获得满足感和动力。例如，如果一个人梦想成为一名作家，仅仅设定"成为一名成功的作家"为目标，可能会因为其抽象和遥远感而产生无力感。相反，如果将这一长期目标分解为"每天写作500字""每月完成一篇短篇小说"等短期目标，则更容易着手实施，每完成一项都能带来成就感，从而积极推动自己前进。

合理规划学业任务是实现这些目标的重要策略。这意味着需要对时间进行有效管理，合理分配精力，以及优先考虑任务的重要性和紧急性。一个有效的方法是使用时间管理工具，如日历、待办事项列表或是数字应用程序，帮助跟踪任务的进度和截止日期。此外，合理安排休息和娱乐时间同样重要，这有助于避免疲劳和压力过大，确保在追求学业成就的同时，也能保持良好的身心健康。

将大目标分解为小步骤的另一个益处是，它允许我们在遇到挫折时更加灵活地调整计划。学习之路往往充满了不确定性和挑战，当面对困难时，拥有可以调整的小步骤比坚持一个遥不可及的目标更加实际。这种方法鼓励我们评估进度，反思哪些策略有效、哪些需要改进，并根据实际情况调整行动计划。这种灵活性不仅减轻了压力，也提高了适应变化的能力，使我们更加坚韧不拔。

除了分解目标和合理规划，自我激励也是成功实现目标不可或缺的一部分。这意味着要找到那些能够激发我们内在动力的因素，无论是对学习内容的热爱，还是对未来职业的渴望。在实现每一个小目标时，给予自己奖励，可以是一段放松的时间，一顿美食，或是一次小旅行，这些都能有效提升我们的积极性和满足感。

三、防止拖延

时间管理不仅是关于日程安排的艺术，它更深层次地触及如何有效利用每一分每一秒去实现个人目标，同时保持心理和身体的健康。而拖延，作为一种常见的行为模式，往往是压力、恐惧和不确定性的直接体现，它不仅影响学习效率，还可能对个人的精神健康产生长期的负面影响。

理解到时间管理的重要性，我们可以看到，通过设定清晰的学习目标和优先级，个体能更有效地分配自己的时间。这不仅帮助个体减少因不确定性而产生的焦虑感，而且通过明确每一步的目标和计划，个体能够有条不紊地向前推进，减少了因迷茫和无目的而导致的时间浪费。这种方法的实质在于将大型、看似难以克服的任务分解成一系列小的、可管理的任务，从而降低了个体面对任务时的心理负担，使得开始行动变得更加容易。

在时间管理策略中，合理规划学习与休息的时间同样不容忽视。长时间的学习不仅会导致效率降低，还容易引起身心疲惫，从而产生逃避心理，最终导致拖延。通过如番茄工作法等技巧的应用，不仅可以帮助个体在高效工作的同时获得必要的休息，还能够有效避免长时间工作带来的负面影响。这种方法强调在高强度的专注与完全的放松之间找到平衡，从而保持精神的鲜活和工作的高效。此外，创造一个有利于学习的环境也是提高效率、减少拖延的关键因素之一。一个干净、整洁、安静的学习空间能够最大限度地减少外部干扰，帮助个体更快地进入学习状态。这意味着，应尽量避免那些可能分散注意力的因素，如频繁检查社交媒体或在嘈杂的环境中学习。通过优化学习环境，个体可以更加专注于当前任务，从而有效减少拖延的可能性。

面对拖延问题时，定期的自我反省和调整也非常重要。通过识别导致拖延的根本原因——无论是因为任务过于复杂、缺乏足够的兴趣还是对结果的恐惧——个体可以更有针对性地调整自己的学习计划和策略。例如，可以通过将大任务拆分为小任务来降低开始的心理门槛，或者寻找学习小组以提高学习的动力和兴趣，这些策略都能有效减少拖延行为。

在防止拖延的过程中，保持积极心态是一项基础而重要的任务。面对挑战和困难时，积极乐观的态度不仅能够帮助个体更容易克服心理障碍，还能激发其前进的动力。适时的自我奖励，如在完成一项重要任务后享受一段休息或娱乐时间，不仅能够作为一种正向激励，增强继续前进的意愿，也是一种有效的压力释放方式。

第四节　求助与支持系统

一、了解可用的支持资源

在当今竞争激烈的学术和职业环境中，学生面临前所未有的挑战和压力。随着期望值的不断升高，成功的关键不仅在于个人的努力和决心，还在于能否有效识别和利用周围的支持资源。学校和教育机构提供了丰富的资源，旨在帮助学生在学术、情感和职业发展方面取得成功。这些资源包括但不限于心理咨询服务、学术辅导中心、职业规划办公室等，它们共同构成了一个强大的支持网络，旨在促进学生的全面发展。

心理咨询服务为学生提供了一个安全的空间，让他们可以分享和处理个人问题、学习困难、情感困扰以及与人际关系相关的挑战。这些服务通常由经验丰富的专业人士提供，他们不仅能提供专业的意见和治疗方案，还能教授应对策略，帮助学生管理压力、焦虑和其他情绪问题。认识到寻求心理健康支持的重要性并采取行动，是保持心理健康和实现个人最佳表现的关键步骤。

学业规划与成长辅导则为学生提供了一系列的学术支持服务，包括个别辅导、写作指导、研究方法论训练以及时间管理技巧等。这些服务旨在帮助学生提高学习效率，克服学术上的困难，实现学业目标。通过利用学术辅导中心的资源，学生可以获得关键的学习策略和技能，这对于提高成绩、完成学位要求以及为未来的职业生涯做准备至关重要。

就业指导中心则专注于帮助学生规划并实现他们的职业目标。这些办公室提供一系列服务，包括职业咨询、简历和求职信写作指导、面试准备以及实习和就业机会的信息。利用职业规划办公室的资源，学生可以更好地了解不同行业的职业路径，发现与自己兴趣和技能相匹配的机会，并获得在竞争激烈的就业市场中脱颖而出所需的技能和知识。

重要的是，学生应当认识到这些资源不仅是为面临困难的学生准备的。

实际上，每个学生都可以从主动寻求和利用这些支持服务中受益，无论是为了提高学习效率、解决个人问题，还是规划未来的职业生涯。鼓励学生在遇到挑战时寻求帮助，并利用可用的资源，是帮助他们克服障碍、发挥最大潜能的关键。

学生如何识别和利用这些资源非常重要。首先，了解这些资源通常通过学校的网站、新生导向会、学生手册以及教师和辅导员的推荐来实现。学生应当主动寻找信息，参加相关的信息会议，并与辅导员或学生服务部门的工作人员联系，了解如何访问这些服务。此外，学生还可以通过校园网络、社交媒体群组以及学长学姐的建议来获取相关信息。

在实际利用这些资源时，学生应当主动、有目的地接触服务提供者，清晰地表达自己的需求和目标。例如，在访问心理咨询服务时，学生应当诚实地分享自己的感受和遭遇，以便咨询师能提供最合适的支持。在学术辅导中心，学生应当准备具体的学习问题和目标，以便获得针对性的指导。同样，在职业规划办公室，学生应当明确自己的职业兴趣和目标，以便获得最有效的职业发展建议和资源。

二、建立有效的沟通渠道

在教育环境中，沟通渠道的建立是促进学生、教师、辅导员以及同学之间有效交流的关键。这不仅有助于创建一个支持性的学习社区，还能确保当学生遇到困难时，他们能够有信心和途径表达自己的需求和问题。有效的沟通策略不仅关乎技巧的掌握，还包含了建立相互信任和理解的基础，以及提供一个包容和鼓励表达的环境。

在构建这样一个环境时，教师扮演着至关重要的角色。他们不仅是知识的传递者，也是沟通的桥梁。教师应该通过开放的态度和积极的行动，鼓励学生表达自己的观点和疑问。这可以通过定期的一对一会谈，或者在课堂上安排时间，让学生分享他们的想法和担忧。教师应该展现出对学生言论的关注和尊重，即使是对学生提出的批评也应给予积极的反馈，这样可以增强学生的自信心，让他们感觉到自己的声音被听到和重视。

第六章　学业压力的应对策略

辅导员在学生的教育旅程中同样占据着不可或缺的位置。他们提供的不仅仅是学术指导，更多的是情感和心理上的支持。辅导员可以通过建立信任的关系，让学生感到在遇到个人或学术上的挑战时，他们有一个安全的去处。这要求辅导员不仅要主动听取学生的需求，还要能够识别那些不愿意开口的学生，并通过主动接触提供帮助。定期的沟通会议和开放的门户政策可以是很好的策略，确保学生知道他们随时可以寻求帮助。

同学之间的互动对建立有效的沟通渠道同样至关重要。同伴之间的支持能够提供不同于教师和辅导员的视角和帮助。鼓励学生之间的合作学习和团队项目可以促进这种互动，同时提高他们解决问题和沟通的能力。学校可以通过组织团队建设活动和社交活动来进一步促进这种互助精神，让学生在非正式的环境中建立联系和信任。然而，仅仅建立沟通的渠道并不足以确保其有效性。必须有一系列的实用建议和策略，以确保学生能够在遇到困难时有效地表达自己。首先，学生应该被教授如何明确地表达自己的需求和问题。这包括了解如何描述问题的具体情况，感受，以及希望得到的帮助类型。工作坊和研讨会可以在这方面提供指导，帮助学生发展有效的沟通和自我倡导技巧。

鼓励学生采取主动性也很重要。这意味着，在遇到问题时，他们应该被鼓励去寻找资源和帮助，而不是等待解决方案出现。这种主动性的培养可以通过角色扮演和情景模拟练习来加强，这些活动可以帮助学生练习在各种情况下寻求帮助的方法。另外，学生应该被教导如何利用现有的沟通渠道。这包括了解不同渠道的优点和适用情况，比如，电子邮件、社交媒体、面对面会谈等。明确这些渠道的正式和非正式规则，可以帮助学生更有效地使用它们。例如，电子邮件可能是与教师沟通事务更正式的好方法，而社交媒体或短信可能更适合与同学协调团队项目的工作。

建立一种反馈文化是确保沟通渠道有效性的关键。这意味着学生、教师和辅导员之间应该有定期的反馈循环，不仅仅是关于学术成绩，也包括关于沟通效果的反馈。这可以帮助识别哪些沟通策略有效，哪些需要改进，从而持续优化沟通渠道。

三、参与支持小组和活动

在现代教育体系中,学生支持小组和活动发挥着至关重要的作用,它们为学生提供了独特的学习和成长平台。这些团体和活动,如焦虑管理小组、学习技巧工作坊等,不仅旨在解决学生面临的各种挑战,还旨在促进他们的个人发展和社交技能。通过参与这些小组和活动,学生能够在一个支持和理解的环境中共享经验,学习新技能,以及获得同伴支持,这些都对他们的整体福祉产生了深远的影响。

学生支持小组通常侧重于特定的问题或挑战,比如,焦虑管理。在这样的小组中,成员聚集在一起分享他们的感受和经历,寻找共同的解决方案。这种共享的体验不仅可以减少孤独感,还可以帮助成员意识到他们并不是孤立无援的。在小组环境中,通过听取他人的故事和挑战,成员能够学习到如何更有效地应对自己的问题。例如,一个面临考试焦虑的学生可能会从其他成员那里学到新的缓解技巧,如深呼吸练习或时间管理策略,这些技巧对他们的学术和个人生活都是极其宝贵的。另一方面,学习技巧工作坊等活动则提供了一个更加正式的学习环境,旨在教授学生如何更有效地学习和组织他们的学习资料。这些工作坊通常由经验丰富的导师或专家领导,涵盖各种主题,如时间管理、笔记技巧、阅读理解以及考试策略等。通过参加这些工作坊,学生不仅能够获得宝贵的学习资源,还能与其他有相似学习需求的同伴建立联系。这种互动不仅促进了知识的交流,还鼓励了学生之间的协作学习,从而增强了他们的学习动力和自信心。

这些支持小组和活动的重要性在于,它们提供了一个安全和包容的空间,让学生可以自由地表达自己的担忧和挑战,而不必担心被评判。在这样的环境中,学生能够发现自己的潜力,学习如何面对和克服生活中的困难。更重要的是,通过与同龄人的互动,他们学会了同理心和团队合作的重要性,这些技能对于他们未来个人发展和职业生涯都是至关重要的。

除了个人收益,这些小组和活动还对整个学术社区产生了积极影响。它们促进了一种互助和合作的文化,鼓励学生相互支持和激励。这种文化不仅有助于创建一个更加积极和健康的学习环境,还有助于减少学生中的竞争压力,从而使大家都能够更加专注于个人成长和学术成就。然而,要充分利用这些小组和活动所提供的好处,学生需要主动参与并保持开放的态度。这意味着他们需要愿意分享自己的经验,听取他人的意见,并且愿意尝试新的学习方法和策略。同时,组织者也需要确保这些小组和活动能够满足学生多样化的需求,并提供一个无偏见和支持性的环境,以促进所有成员的成长和成功。

学生支持小组和活动是现代教育体系中不可或缺的一部分。它们不仅为学生提供了一个共享经验、学习新技能和获得同伴支持的平台,还促进了他们的个人和社交发展。通过参与这些小组和活动,学生能够在面对学术和个人挑战时感到更加自信和准备充分。随着教育者和学校继续认识到这些资源的价值,并进一步扩大其可及性和多样性,我们期待一个更加健康、更加互助的学术社区的形成。

四、培养自我帮助能力

在教育领域中培养学生自我帮助的技能是一项极为重要的任务,这不仅仅涉及教授时间管理和放松技巧,更关乎帮助学生建立面对生活和学习挑战时的综合内在力量。这个过程需要提供全方位的指导,以引导学生探索并发展适合他们自身的应对策略,让他们在面对压力和挑战时能够独立采取行动。

创建一个开放和支持性的学习环境是至关重要的,这样学生在寻找适合自己的个性化解决方案时,会感到更加安全和被接纳。在这样的环境中,他们可以自由地尝试各种应对策略,找到最适合自己的方法。同时,鼓励学生进行深入的自我反思,帮助他们理解自己在面对挑战时的反应方式和情绪模式,这是识别有效应对机制的关键。通过这种自我反思,学生可以识别自己在时间管理和学业压力上面临的具体问题,比如,拖延症、焦虑或学习效率低下,并且更有针对性地寻找解决方案。

信息获取和资源利用的能力对自我帮助同样重要。在大学,有诸多资源可供学生利用,如学术指导、心理咨询服务和职业规划中心。学生需要学会如何主动寻找和利用这些资源来解决问题。例如,面临课业压力时,他们可以寻求教师的指导，参加学习小组或利用图书馆资源。如果遇到情绪问题，则可以寻求校园内的心理咨询服务。有效地利用这些资源不仅能帮助学生解决当下的问题，也能增强他们面对未来挑战时的自我应对能力。与此同时，建立一个支持网络也是自我帮助的重要组成部分。与同学、朋友和家人建立积极的关系，可以在遇到困难时得到他们的支持和帮助，并从他们那里学习不同的应对策略和技巧。分享自己的经验和感受不仅可以减轻心理负担，还可能获得宝贵的建议。

培养解决问题的技巧包括学会如何设定目标、制订计划以及执行计划。面对大量学习任务时，学生需要学会如何将任务分解为更小的部分，优先处理最重要的任务，并设定合理的完成时间。这种方法不仅能提高学习效率，还能减少因任务过多而感到的压力。而自我帮助的另一个重要方面是发展抗压能力，包括学习如何在压力下保持冷静和清晰的思考，如何从失败中恢复，以及如何保持积极的态度。面对考试失败或课程挑战时，学生应学会如何接受失败、分析失败原因，并制定改进策略。

在教授自我帮助技能的过程中，教育者应强调这是一个持续的学习过程。每个学生的应对机制可能随着时间和经验的积累而变化。因此，鼓励学生持续探索和适应，找到最适合自己当前需要的应对策略是非常重要的。这意味着，学生需要不断地评估自己的情绪和压力水平，以及他们所采取的应对措施的有效性。通过这样的过程，学生不仅会在学术上取得成功，还将成长为能够独立解决问题、面对生活挑战的成熟个体。教育者的角色很关键，他们不仅是知识的传递者，更是引导学生发现内在力量、培养自我帮助能力的导师。在这个过程中，学生学会了如何自我管理、如何面对压力和挑战，最重要的是，他们学会了如何在生活的不同阶段，持续地成长和发展。

第七章　组织与环境对时间管理的影响

在这一章节中，我们将深入探讨组织和环境如何塑造和影响个人的时间管理方式。从学校环境和政策的角度出发，我们分析教育系统如何通过其结构和规则，影响学生和教职工的时间安排和优先级设定。然后，我们转向家庭环境，探讨家庭结构和支持系统如何对成员的时间管理产生深远的影响。社交网络和群体亦在个人时间管理中扮演着关键角色，我们将探索社交互动如何影响个体的时间分配和决策过程。最后，我们将探究文化差异在塑造时间观念和管理方法上的作用，理解不同文化背景下人们对时间的理解和运用方式的差异。通过这些多角度的分析，本章旨在提供一个全面的视角，理解和评估不同因素如何共同作用于个人的时间管理策略之上。

第一节　学校环境与政策

一、课程设计与时间分配

在教育过程中，课程设计与时间分配是对学生时间管理能力产生重大影响的两个关键因素。它们共同塑造了学生如何平衡学习与休闲，以及如何有效利用时间以达到最佳的学习效果。课程的难度、作业量以及考试频率等要素，不仅决定了学生需要投入的学习时间和精力，还间接地引导了学生如何规划自己的日常生活和学习节奏。

课程难度是影响学生时间管理的首要因素。难度较高的课程往往要求学生投入更多的时间和精力来理解和掌握课程内容。这种增加的学习负担迫使学生更加仔细地规划自己的时间，特别是在处理多门课程的学习任务时。学生需要在紧张的学习计划中找到平衡，分配足够的时间来克服学习障碍，同时还要保证有足够的休息和娱乐时间来维持身心健康。因此，难度较高的课程不仅考验了学生的学习能力，也是对其时间管理能力的一种考验。

另一方面，作业量对学生的时间管理同样具有重要影响。大量的作业任务意味着学生需要在课堂学习之外投入大量的时间来完成作业，这不仅会占用学生的个人时间，还可能导致学生无法应付处理多个作业的情况。在这种情况下，学生需要学会如何合理安排时间，确定优先级，以确保在截止日期之前完成所有作业。有效的时间管理技巧，如分割大任务、设定学习计划和休息时间，成为学生应对作业负担、保持学习效率的关键工具。

考试频率是另一个影响学生时间管理的重要因素。频繁的考试安排迫使学生不得不在短时间内集中精力复习，这种密集的学习节奏往往会导致学生的学习和休息时间失衡。为了应对考试，学生可能会牺牲休息时间来增加学习时间，这不仅会影响学生的身心健康，还可能导致学习效率下降。因此，教育者在安排考试时，需要考虑到考试频率对学生时间管理的影响，尽量避免在短时间内安排多次考试，给予学生足够的复习时间。

除了课程难度、作业量和考试频率这些直接因素，课程设计中的其他元素，如课程内容的实用性、教学方法的多样性，以及对学生自主学习能力的培养，也在间接地影响着学生的时间管理。一个设计良好的课程不仅能够激发学生的学习兴趣，还能帮助学生建立起有效的学习习惯和时间管理策略，从而在学习和生活中取得平衡。

通过课程设计和时间分配，学校能够在很大程度上影响学生的时间管理。通过合理调整课程难度、控制作业量和考试频率，以及优化课程内容和教学方法，教育者可以帮助学生建立起良好的时间管理习惯，提高学习效率，同时确保学生有足够的时间进行休息和娱乐，保持身心健康。在这一过程中，教育者的角色不仅是知识的传递者，更是学生时间管理能力的培养者，通过精心设计的课程和合理的时间安排，为学生的全面发展提供支持。

二、教育政策与学习负担

在当代教育体系中，学校的教育政策，包括评估标准和毕业要求，是塑造

第七章　组织与环境对时间管理的影响

学生学习经历和时间管理技能的关键因素。这些政策不仅反映了教育机构对学术成就的期待，而且揭示了对学生个人发展的关注。

教育政策中的评估标准通常旨在确保学生达到一定的学术水平，这要求他们掌握一系列的知识和技能。然而，这些标准有时可能过于严格或者与学生的实际能力和学习速度不相符，导致学生为了达到标准而不得不投入大量时间进行学习和准备。在这种情况下，学生可能会感到压力巨大，尤其是当他们试图同时满足多门课程的要求时。此外，对那些有特殊学习需求或是在某些学科上面临困难的学生来说，这种一刀切的评估标准可能尤其不公平，进一步增加了他们的学习负担。

毕业要求，作为学生完成学业的最终门槛，同样对学生的时间管理构成挑战。这些要求通常包括一系列必修课程、选修课程，以及可能的毕业论文或项目，要求学生在有限的时间内完成大量的学习任务。为了满足这些要求，学生不得不学会如何有效地管理时间，分配适当的时间给每一项任务，同时还要留出时间来准备考试和完成课程作业。这种压力可能促使一些学生发展出高效的时间管理技能，但对那些可能还没有掌握这些技巧的学生来说，他们可能会觉得自己在不断地赶时间，无法享受学习过程或参与课外活动。

尽管教育政策可能增加学生的学习负担，但它们也为学生提供了发展时间管理技能的机会。有效的时间管理是成功的关键，不仅仅在学术上，在个人和职业生活中也同样重要。面对教育政策的要求，学生被迫学习如何优先处理任务，设置合理的目标，并为达成这些目标制订详细的计划。这些技能一旦被学生内化，不仅可以帮助他们减轻学习负担，还能够在他们的整个生活中发挥重要作用。

为了确保教育政策不仅仅是增加负担，而是真正帮助学生发展必要的技能，教育机构需要采取一种更加平衡和包容的方法。这可能包括提供更多的个性化学习计划，以适应不同学生的学习速度和能力；实施更加灵活的评估方法，以更全面地评价学生的能力和进步，而不仅仅是通过传统的考试和作业；以及提供时间管理和学习策略的辅导，帮助学生更有效地应对学习任务。

此外，教育政策制定者和学校应该鼓励教师和学生之间的沟通，以确保评估标准和毕业要求既切实可行又能激励学生。通过听取学生的反馈，教育机构可以更好地理解学生的需求和挑战，并据此调整政策，使其既能促进学术成就，又不会对学生造成不必要的压力。

三、课外活动与时间安排

课外活动是学生日常生活的重要组成部分。这些活动不仅丰富了学生的学习体验，还提供了发展个人兴趣和社交技能的机会。然而，参与课外活动对学生的时间管理能力提出了挑战，同时也为平衡学习和休闲时间提供了独特的机会。

课外活动，从体育运动、音乐会、艺术展览到科学俱乐部和志愿服务，种类繁多，每一种都能在学生的个人和学术成长中扮演关键角色。这些活动不仅能够激发学生对新事物的好奇心，还能够帮助他们发现自我潜力，培养团队合作和领导能力。更重要的是，参与课外活动可以让学生从紧张的学习中抽身，找到放松和娱乐的时间，这对于保持心理和身体健康至关重要。

通过参与课外活动，学生可以学习如何有效地管理时间。他们需要在学业和活动之间找到平衡点，这要求他们制定和遵循详细的日程安排。例如，一个参加学校足球队的学生可能需要在训练和比赛之余，安排足够的时间来完成家庭作业和复习考试。这种平衡能力的培养，不仅对学生当前的学习生活有益，未来在职场和个人生活中也将发挥重要作用。

然而，过度参与课外活动可能会对学生的时间管理和学业表现产生负面影响。当学生花费大量时间在课外活动上，以至于忽视了学业，他们可能会发现自己难以跟上课程进度，考试成绩不理想。此外，缺乏足够的休息和自由时间会增加压力，可能导致疲劳和焦虑，影响学生的整体福祉。

因此，学生、家长和教育工作者需要共同努力，确保学生能够在参与课外活动和保持学业成绩之间找到合适的平衡。这可能包括制定一个实际可行的时间表，确保学生有足够的时间用于学习和休息，同时也参与他们感兴趣的活动。学校可以提供时间管理工作坊或课程，帮助学生学习如何有效地规划他们的时间，确保他们能够在繁忙的学习和活动日程中保持健康和快乐。

除了时间管理技能的培养，参与课外活动还可以帮助学生建立一种自我驱动的学习态度。通过参与他们热爱的活动，学生可以发现新的兴趣和激情，这些兴趣和激情可能会激发他们在学术上追求卓越。例如，参加科学俱乐部的学生可能会对科学研究产生浓厚兴趣，从而在课堂上更加专注和投入。这种自我驱动的学习态度是学生在未来学术和职业生涯中取得成功的关键。同时，通过参与课外活动，学生可以与来自不同背景的同龄人建立联系，这对于培养跨文化理解和尊重非常重要。在多样化的团队中工作和交流，能够让学生学会欣赏不同的观点和生活方式，为他们将来在全球化的世界中工作和生活打下坚实的基础。

四、学校资源与支持服务

在现代教育环境中，学校资源与支持服务的角色至关重要，特别是它们如何助力学生在高度竞争和压力下有效管理时间，从而优化学习成果。图书馆、辅导中心和心理咨询等设施不仅是学术资源的库存，也是学生应对学业压力、提高时间管理能力的关键工具。通过综合分析这些资源的运作和影响，可以揭示它们对于学生日常学习活动的具体贡献。

图书馆作为知识的宝库，为学生提供了广泛的学习材料和研究资源。除了丰富的图书和期刊藏量，许多图书馆还提供电子资源，包括电子书、学术数据库和在线期刊，使学生能够随时随地访问所需资料。此外，图书馆通常设有学习区域，为学生提供了安静的学习环境，这对于提高学习效率、优化时间管理至关重要。图书馆还经常举办各类工作坊和讲座，如文献检索技巧、参考文献管理工具使用等，这些活动有助于学生掌握有效的研究和学习方法，从而更高效地利用时间，减少在信息检索和资料整理上的无谓消耗。

辅导中心则提供了另一层次的学术支持，特别是针对那些在特定学科上遇到困难的学生。通过一对一或小组辅导，辅导中心的专业人员能够针对学生的具体问题提供定制化的指导，帮助他们克服学习障碍，提高学习效率。这种个性化的支持让学生能够在较短时间内掌握复杂的概念，优化其学习时间的分配。更重要的是，辅导中心还教授学生有效的学习策略和时间管理技巧，如如

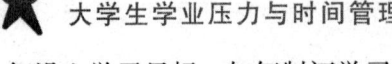

何设立学习目标、如何制订学习计划、如何优先处理学习任务等,这些技巧对于学生整体的时间管理能力至关重要。

心理咨询服务则从心理健康的角度出发,为学生提供支持。面对学业压力,学生可能会经历焦虑、压力过大甚至抑郁等心理问题,这些问题不仅影响学习效率,也严重妨碍时间管理。心理咨询服务提供的个人或团体咨询能够帮助学生识别和处理这些问题,通过学习应对压力的策略,学生能够更好地控制自己的情绪和时间,维持学习和生活的平衡。此外,许多心理咨询中心也提供时间管理工作坊,教授学生如何有效安排日程,如何在学习、休闲和社交活动之间找到平衡,这对于提升学生的整体福祉和学习成效有着不可忽视的影响。

这些资源和服务的共同点在于,它们都旨在通过提供信息、技能和支持来帮助学生更好地管理自己的时间。通过访问这些资源,学生不仅能够获取学习材料和技巧,还能学习到如何有效地规划和利用时间,尤其是在面对学业压力时。有效的时间管理不仅意味着能够按时完成学业任务,还包括能够为个人发展和休闲活动留出空间,从而实现学习与生活的平衡。然而,要充分利用这些资源和服务,学生本身也需要具备主动寻求帮助的意识和能力。这意味着,学生需要认识到在遇到学习困难时寻求帮助的重要性,同时也要愿意投入时间参加工作坊和咨询会,学习和实践新的学习和时间管理技巧。此外,学校和教师也应鼓励学生利用这些资源,通过课程设计和学术要求促进学生的主动学习和自我管理。

第二节 家庭环境与支持

一、家庭环境的基础影响

在探讨个体发展的过程中,家庭环境也很关键,尤其是在塑造个人的时间观念和管理能力方面。家庭,作为个人最初的社会化场所,其结构、沟通模式以及成员间的相互作用,共同构成了一个复杂而深刻影响个体成长的生态系统。这一系统不仅影响着个体的价值观、行为模式,也在无形中塑造着个体对

第七章　组织与环境对时间管理的影响

时间的认知和管理方法。

家庭结构，包括家庭成员的数量、角色分配，以及家庭成员之间的关系密切程度，对个人时间管理习惯的形成有着不容忽视的影响。在一个充满爱与支持的家庭环境中，孩子往往能够学习到更为有效的时间管理技巧。父母通过设定例子，如合理规划家庭活动、坚持每日的学习和休息时间，逐渐引导孩子认识到时间的宝贵。相反，一个缺乏规律和组织性的家庭环境可能会导致孩子在时间观念和管理能力上的缺失。

沟通模式在家庭环境中同样占据着举足轻重的地位。开放、坦诚的沟通模式能够鼓励家庭成员之间分享自己的想法、感受以及计划，从而促进对时间管理的认识和讨论。例如，家庭会议可以成为讨论时间分配和优先事项的平台，父母和孩子可以在这样的对话中学习如何协商、设定目标以及制订计划。这种互动不仅加深了家庭成员之间的关系，也为孩子提供了实践时间管理的机会。

此外，家庭成员之间的相互作用，包括角色模仿、期望设定以及反馈给予，对于个人时间观念和管理能力的培养起着至关重要的作用。在这个过程中，父母的行为和态度发挥着示范作用。当父母展现出高效的时间管理能力，比如，按时完成工作任务、合理安排家庭和工作的时间，以及坚持个人兴趣和休闲活动时，孩子很可能会模仿这些行为，逐步发展出自己的时间管理技巧。相反，如果家庭成员经常因为时间安排不当而导致紧张和冲突，孩子可能会从中学到负面的时间观念和习惯。

家庭环境中的时间观念和管理能力的培养不是一蹴而就的，而是一个长期、持续的学习过程。家庭成员需要共同努力，通过日常的互动和实践，逐步构建和维持一个支持性的学习环境。这包括定期评估家庭时间管理策略的有效性，鼓励孩子参与决策过程，以及对时间管理好的行为给予正面的反馈和奖励。通过这样的过程，家庭不仅能够提高其成员的时间管理能力，也能够加强彼此间的联系，促使家庭成员共同构建一个更为和谐和支持的家庭环境。

在这个复杂而多变的世界中，时间管理能力成为个体成功与否的关键因素之一。家庭，作为个体成长的摇篮，其在培养时间管理能力方面的作用不可小觑。家庭环境通过其结构、沟通模式以及成员间的相互作用，为个体提供了学习和实践时间管理的第一课堂。这些经验和技能将伴随个体成长,影响其未来的学习、工作以及生活,成为他们走向成功的重要基石。因此,创造一个有利于时间观念和管理能力培养的家庭环境,对于每一位家庭成员的发展都至关重要。

二、家庭支持的重要性

家庭,作为个人成长的摇篮和社会的基本单元,其支持性的环境在个体的时间管理中起着至关重要的作用。时间管理作为提高效率、达成目标和减少压力的关键技能,在快节奏的现代生活中变得尤为重要。然而,不同个体在时间管理能力上的差异往往与其成长的家庭环境有着密切的联系。

家庭支持可以通过多种方式来提高个人的时间管理效率。在一个充满爱和支持的家庭环境中,成员间通常会分享彼此的目标和计划,通过相互鼓励和监督,帮助彼此更好地遵守时间表并完成任务。这种日常的互动不仅增强了家庭成员之间的情感联系,而且为个体提供了一个外部的、积极的压力,促使他们更加专注于时间的安排和利用。此外,家庭成员之间的相互帮助和分担任务也是提高时间管理效率的一个重要方面。在家庭中,日常事务的分担可以帮助减轻个人的负担,使他们有更多的时间和精力去关注自己的长期目标和个人发展。

家庭环境对于减少时间管理中的压力也起着重要作用。在面对时间安排和任务完成的压力时,一个温暖和理解的家庭背景可以提供必要的情感支持和安慰。家庭成员之间的开放沟通和相互理解为个体提供了一个释放压力和情感的出口,使他们能够在遇到困难和挑战时保持积极和乐观的态度。此外,家庭成员的鼓励和肯定也是重要的情感资源,它们可以增强个体面对时间管理挑战时的自信心和动力。在这样的家庭环境中,个体更容易发现和认识到自己的价值和能力,从而在时间管理的过程中表现得更加自信和有效率。

然而,实现这种支持性家庭环境并非易事,它需要家庭成员之间的共同努力和承诺。首先,家庭成员需要培养开放和诚实的沟通习惯,确保每个人的目标和需求都能被理解和尊重。这种沟通不仅包括日常的事务和计划,也包括个人的感受和遭遇，从而建立一个信任和支持的氛围。其次，家庭成员应该学会相互协作和分担责任，通过共同的努力来应对家庭和个人的挑战。这种协作不仅能够提高时间管理的效率，还能增强家庭成员之间的联结和归属感。最后，家庭应该鼓励和支持每个成员的个人成长和发展，通过设定合理的目标和期望，帮助他们建立起良好的时间管理习惯和技能。

家庭支持在个人的时间管理中扮演着不可或缺的角色。一个充满爱和支持的家庭环境不仅能够提高时间管理的效率，还能有效减轻压力和增强个体的自信心与动力。通过家庭成员之间的相互协助、开放沟通和共同努力，每个人都可以在时间管理上有更好的表现，从而更加自信地应对生活中的各种挑战。在这个过程中，家庭不仅是一个提供情感支持和安慰的避风港，也是个体建立和维护良好时间管理习惯的坚实基础。因此，珍视和培养一个支持性的家庭环境，对每个人来说都是至关重要的。

三、父母的角色与行为模式

在探讨家庭环境中父母的行为、态度以及期望如何塑造子女的时间管理能力时，我们必须认识到父母在子女生活中的作用远远超过了单纯的生活供养者或教育者的角色。父母的言谈举止、对事物的态度，乃至于对时间的观念和管理方式，都在无声中对子女产生着深远的影响。这种影响贯穿于子女的成长过程中，形成了一种潜移默化的教育方式，对子女的时间管理能力的培养起到了决定性的作用。

在家庭日常生活中，父母的行为模式是子女学习时间管理的第一个也是最直接的榜样。父母如何规划每天的工作和生活，如何平衡工作与家庭的时间，如何处理突发事件而不影响整体的时间安排，这些都直接展示在子女的眼前。比如，一个父亲如果能够严格遵守工作时间和家庭时间的划分，不让加班影响到与家人共度的时光，孩子就会从中学到时间的宝贵和平衡生活的重要性。相反，如果父母经常无视时间安排，把工作和生活混为一谈，子女可能就会学到一个模糊不清的时间观念，难以在将来的生活中有效地管理自己的时间。

父母对时间的态度也是影响子女时间管理能力的一个重要因素。父母对时间是否重视，是否认为时间是需要被珍惜和高效利用的资源，这些态度都会通过言传身教的方式传递给子女。一个认为时间宝贵、注重效率、善于规划和利用时间的家庭环境，能够培养出具有高度时间意识的子女。这种时间意识不仅仅体现在遵守时间上，更体现在对时间价值的理解和利用上，让子女学会如何在有限的时间内做出最有效的决策和安排。

此外，父母的期望对子女的时间管理能力也有着不可忽视的影响。父母通过设定期望，无论是学业成绩、课外活动的参与，还是对未来的规划，都在向子女传达一个信息：时间是有限的，需要被合理规划和利用以达成目标。当父母鼓励子女设定目标，并教会他们如何分配时间去实现这些目标时，子女不仅学会了时间管理的技巧，更重要的是学会了目标导向的时间利用方式。这种以目标为导向的时间管理方式，能够帮助子女在面对学业、兴趣以及将来的职业规划时，更加高效和有方向性。

然而，父母的过度期望或不切实际的时间管理要求也可能产生反作用。如果父母对子女的时间安排过于严格，不留有足够的自由时间给子女探索和休息，可能会导致子女感到压力过大，从而对时间管理产生逆反心理，或者在将来抗拒任何形式的时间规划。因此，父母在传递时间观念和期望时，需要找到一个平衡点，既要教会子女时间的价值，又要避免对子女造成不必要的压力和负担。

最终，父母的示范作用和他们对时间观念的传递，在培养子女的时间管理能力方面起到了关键的作用。通过日常生活中的实际行为示范、积极健康的时间观念教育以及合理的期望设定，父母可以为子女构建一个有利于时间管理能力培养的家庭环境。在这样的环境中成长的子女，将能够更好地认识到时间的价值，学会如何有效地规划和利用时间，不仅在学业和个人发展上取得成功，也能在未来的生活中保持良好的时间管理习惯，成为一个能够自我管理、高效生活的人。

第七章　组织与环境对时间管理的影响

第三节　社交网络与群体影响

一、社交网络的定义与重要性

作为一个复杂而广泛的概念，社交网络穿插在人类生活的各方面。它不仅仅是一种连接人与人之间的纽带，更是一个涵盖家庭、朋友、同事以及在线社交媒体等多种形态的广泛系统。这种网络通过各种形式的互动和沟通，构成了一个错综复杂的关系网，对个人的生活、工作乃至整个社会的运作都产生了深远的影响。

在现代社会，互联网和数字技术的迅猛发展为社交网络的扩展带来了革命性的变化。在线社交媒体，如 Facebook、Twitter、微信和 Instagram 等，使人们能够跨越地理界限，实时分享信息和情感，建立起前所未有的虚拟社交关系网。这种线上社交方式不仅改变了人们沟通的方式，还对社会交往的模式产生了深刻影响。通过在线社交平台，人们可以轻松地找到志同道合的朋友，加入不同的兴趣小组，参与到全球范围内的讨论和活动中。这种即时、广泛的交流方式极大地扩展了个体的社交网络，同时也为信息的快速传播提供了渠道。

然而，社交网络的这种多样性和广泛性虽然为人们提供了更多的交流平台和机会，但也给个人的时间管理带来了挑战。在这个信息爆炸的时代，如何在有限的时间内有效地管理和维护线上线下的社交关系，成为一个值得关注的问题。过度沉迷于社交媒体可能会占用大量的个人时间，影响到工作和学习的效率，甚至可能导致现实生活中的人际关系疏远。因此，如何平衡好现实生活与虚拟世界中的社交活动，如何合理安排时间以充分发挥社交网络的积极作用，成为现代人需要认真思考和掌握的技能。

社交网络的重要性不仅体现在它连接人与人之间的作用上，更在于它如何影响着个人的成长、发展以及社会的进步。通过有效的社交网络，个体不仅能够获得情感上的支持和安慰，还能在职业发展和个人兴趣上获得宝贵的资源和机会。同时，强大的社交网络也是社会和谐与进步的基础，它通过促进信息的交流和资源的共享，加强了社会的凝聚力，推动了文化的传播和创新。因此，建立和维护一个健康、有效的社交网络，对个人而言是一种宝贵的财富，对社会而言则是推动发展的重要力量。

社交网络以其独特的构成和重要的作用，成为现代社会不可或缺的一部分。它既是连接人与人之间的桥梁，也是个人成长和社会发展的重要推动力。在享受社交网络带来的便利和乐趣的同时，我们也应该意识到它对个人时间管理的挑战，学会如何在快节奏的生活中找到平衡，合理利用社交网络，使其成为促进个人发展和社会进步的积极力量。

二、群体规范与时间观念

在社会的广阔背景下，不同的社交群体倾向于形成和遵循各自独特的时间管理规范和期望。这些规范深深植根于群体的文化、价值观、历史和日常实践中，为成员间的互动和个人的行为模式提供了一种隐性的指南。时间观念在各种社交群体中的表现形式多样，从严格遵守时间到相对灵活的安排，各有特色，对个体的时间管理习惯产生了显著的影响。

在一些社交群体中，如企业机构、学术团体和专业组织，通常很重视严格的时间管理。在这些环境中，时间被视为一种宝贵资源，需要通过精确的计划和调度来实现最大化地利用。例如，在企业界，会议、项目截止日期、工作进度报告等都需要严格按照预定时间表进行，迟到或错过期限往往会导致负面的职业后果，如工作评估降低或职业发展机会的损失。在这种文化背景下，个人被鼓励发展出高度组织化和前瞻性的时间管理技能，如使用日历、提醒系统和时间跟踪工具来确保所有任务和活动都能准时完成。

相对而言，创意行业、自由职业者群体和一些文化团体则可能采取更为灵活的时间观念。在这些群体中，创作过程和灵感的自然流动被视为比遵守严格时间表更为重要。因此，时间管理的规范倾向于更加宽松，以容纳创意思考的不确定性和非线性。例如，一个艺术家在创作新作品时，可能会根据灵感的涌现而非固定的工作时间来调整自己的工作计划。在这种文化中，强调的是如何有效利用灵感高峰期,而不是严格遵循每日的工作时段。这种灵活性虽然为创意工作提供了必要的空间,但也要求个体能够自我调节,确保最终能够完成任务和项目。

此外,一些社交群体的时间观念受到其宗教或传统文化的深刻影响。例如,在某些宗教社群中,日常生活的节奏和时间分配可能围绕宗教仪式和节日进行。在这些群体中,宗教活动的时间安排往往优先于个人或职业活动,影响着成员的时间管理习惯和优先级设定。类似地,一些社群可能遵循传统的季节性节奏,如农业社区按照种植季节来规划工作和社交活动。这种依据自然节奏和文化习俗来安排时间的方式,体现了一种与自然和谐共存的生活哲学,对个人时间观念和管理习惯产生了根本性的影响。

群体规范对个人时间管理习惯的影响是深远的。在严格遵守时间的群体中,个体学习如何有效地规划和利用时间,发展出高效的时间管理技能,以满足群体对准时性和效率的高要求。这些技能包括但不限于目标设定、任务优先级排序、时间估计和干扰管理。相反,在那些采取更灵活时间观念的群体中,个体可能更加注重如何根据内在的动机和情感状态调整时间安排,从而发展出更为灵活和自己适应的时间管理方法。在这些环境中,个人可能更加倾向于使用时间作为一种探索创意和个人成长的空间,而不是作为必须严格遵守的外部约束。

三、社交活动对时间管理的影响

在现代生活的纷繁复杂中,社交活动扮演着重要角色。其不仅仅是人与人之间交流和联络情感的桥梁,更是个体在社会中定位自我的一种方式。然而,社交活动的广泛性及其对个人时间的占用,往往成为时间管理这一艺术中难以把握的一环。这既包括了面对面的社交聚会,也涵盖了网络互动及其他群体活动。每一种形式都以其独特的方式,对个人的日程安排施加影响,挑战着人们在保持社交关系和有效时间管理之间找到一个平衡点的能力。

社交聚会,如朋友聚餐、家庭聚会或是工作相关的应酬,往往需要提前规划,且在活动期间,个人几乎完全投入,无法同时处理其他任务。在这种情形下，日程安排的灵活性受到限制，尤其是在聚会时间或地点变动不定的情况下，更是对个人时间管理能力提出了挑战。网络互动，尽管在形式上为个人提供了更大的灵活性，但其潜在的时间消耗却不容忽视。社交媒体的浏览、在线聊天或是参与各类网络社群活动，往往让人在不知不觉中花费大量时间，这种"隐形"的时间消耗，对那些试图严格管理时间的个体来说，无疑是一个挑战。此外，其他群体活动如参加社团、志愿服务或是各类兴趣小组的聚会，同样需要投入相当的时间和精力，这些活动虽然丰富了个人的社交生活，却也进一步压缩了个人的自由时间。

然而，社交活动对时间管理的影响并非全然是负面的。通过参与这些活动，个体不仅能够建立和维持人际关系，还可以在不同的社交场合中学习时间管理和优先级设定的技巧。例如，在参与多个社交活动时，个体学会如何评估每项活动的重要性，如何根据自身的时间和精力进行选择和取舍，这种能力对于提升时间管理技巧至关重要。此外，社交活动还能够为个体提供从日常工作或学习压力中暂时抽离的机会，通过与他人的互动，不仅可以获得情感上的支持，还能在心理上得到放松，这种放松对长远的时间管理而言，是一种有效的能量补充。

要在保持社交关系和有效时间管理之间找到平衡，个体需要采取一系列策略。首先，明确自己的时间管理目标和优先级，这是保证时间得到有效利用的基础。在此基础上，学会说"不"，对于那些可能会严重占用时间且与个人目标不符的社交活动，要有选择性地参与。同时，利用技术工具进行日程规划，如使用日历应用来安排和提醒自己的社交活动，可以帮助个体更好地掌握时间。此外，寻找并参与那些可以同时满足社交和个人发展需求的活动，如参加专业研讨会或是与自己兴趣相投的小组聚会，这样既能维持社交联系，又能有效利用时间，实现双赢。

社交活动对个人时间管理的影响是复杂而多维的。它们既是时间管理过程中的一个挑战，也是提升时间管理技巧的一个机会。通过策略性地选择和参与社交活动，个体不仅能够保持丰富的社交生活，还能确保时间被有效利用，从而在忙碌的现代生活中找到属于自己的平衡点。

四、网络社交媒体的双重作用

在这个信息爆炸的时代,网络社交媒体已成为人们生活中不可或缺的一部分。它像一把双刃剑,既能为人们的时间管理带来便利,也能成为时间管理上的一个巨大障碍。社交媒体的双重作用体现在它既连接了世界,又可能使人陷入虚拟世界的旋涡,无法自拔。

社交媒体提供了一个前所未有的平台,让人们能够以极低的成本保持联系,分享生活的点滴。在这个平台上,信息的传播速度快到惊人,一条消息可以在短短几秒钟内传遍全球。这种快速的信息流通为人们提供了一个极为便捷的方式来获取新知,拓宽视野。人们可以通过社交媒体了解世界各地的新闻,学习不同的文化,甚至通过在线课程来提升自己的技能和知识。对那些身处异地的朋友和家人而言,社交媒体成为一个重要的联系纽带。通过发送消息、分享照片和视频,人们可以轻松地保持情感的联结,无论他们身处何方。

然而,社交媒体的这些便利功能也带来了副作用。它极大地促进了信息的即时性,但也使得人们在处理这些信息时感到不堪重负。不少人发现自己沉迷于刷屏,浏览朋友的动态更新,或是无休止地点击"下一个"视频,不知不觉中,大量的时间就这样流逝了。这种对社交媒体的过度使用不仅消耗了宝贵的时间,还可能引发注意力分散,影响工作和学习的效率。更严重的是,长时间的屏幕接触还可能对人的身心健康造成负面影响,比如,眼睛疲劳、睡眠质量下降,甚至引发焦虑和抑郁情绪。

社交媒体上的信息过载也是一个不容忽视的问题。每天都有海量的信息涌入,人们很难筛选出真正有价值的内容。这种信息的泛滥不仅浪费时间,还可能导致信息质量的整体下降。在这样的环境中,人们很容易受到虚假信息和谣言的影响,这对社会的稳定和个人的决策都有可能产生负面的影响。

尽管社交媒体带来了诸多挑战,但如果合理地管理和使用,它仍然可以成为一个有益的工具。为了克服这些挑战,人们需要培养良好的自我控制能力,学会合理安排时间,避免过度沉迷于社交媒体。例如,可以设定专门的时间来检查社交媒体,而在其他时间专注于工作或学习。此外,利用社交媒体的滤镜功能筛选信息，关注那些真正有价值的内容，也是减少信息过载的有效方式。在使用社交媒体时，保持批判性思维，对接收到的信息进行甄别，避免被不实信息误导，也是非常重要的。

社交媒体的影响取决于个人如何使用它。它既有可能成为连接世界、拓宽视野的桥梁，也可能成为消磨时间、分散注意力的黑洞。在这个数字化时代，学会如何有效地利用社交媒体，既享受它带来的便利，又避免其潜在的负面影响，对每个人来说都是一项重要的技能。通过自律和合理规划，我们可以使社交媒体成为我们生活中的一股积极力量，而不是时间和精力的贼。

第四节　文化差异与时间观念

一、文化对时间感知的影响

在考察文化如何塑造我们对时间的感知时，我们发现时间不仅仅是秒针和分针的转动，还是一种深刻的文化表达，反映了一个社会的价值观、信仰和生活方式。世界上不同的文化对时间的理解和利用各不相同，这种差异在日常生活中以多种形式表现出来，从工作节奏到社交活动，从商业会议到家庭聚餐，每一项活动都渗透着特定文化对时间观念的独特解读。

在一些文化中，时间被视为线性且有限的资源，这种观点强调时间的宝贵和不可恢复性。在这样的文化背景下，人们倾向于计划未来，设定明确的目标和截止日期，并且努力按时完成任务。时间的精确性，如准时出席会议、遵守日程安排以及严格的时间管理，被视为职业成功和个人效率的标志。例如，许多西方国家就是基于这种对时间的尊重和利用，制定了详尽的时间管理策略和效率工具，目的在于将个人和团队的生产力最大化。

在其他文化背景中，人们对时间有着更为流动和灵活的理解。在这些文化里，时间被视为循环的，或是与自然节奏相协调的存在。人们对时间的态度更加宽容和弹性，更重视人际关系和社区联系，而不是严格遵循计划或日程。在这样的环境下，迟到可能不被视为失礼或不专业的表现，因为人际交往和确保每个人都感到舒适和被尊重被赋予了更高的优先级。例如，拉丁美洲和部分非洲国家的社会生活就体现了这种对时间灵活处理的文化特点，人们在社交和家庭活动中展现出对时间宽松的态度，强调的是人与人之间的联系而非对时间的控制。

这种文化差异对国际交流和合作提出了挑战和机遇。在全球化的背景下，理解和尊重不同的时间观念对于建立有效的跨文化沟通至关重要。误解和冲突往往源于对对方时间观念的无知或误读。例如，一个习惯于线性时间观念的商务人士可能会误解一个采取更灵活时间观念的合作伙伴的迟到为不尊重或不专业，而后者实际上可能仅仅是遵循其文化习俗。因此，跨文化能力的培养，特别是对不同时间观念的理解和适应，成为当今国际环境下成功交流的关键。

除了在商业和工作环境中的应用，文化对时间的不同理解也深刻影响着人们的生活方式和幸福感。在一些文化中，快节奏的生活和对效率的追求可能导致压力和时间焦虑，人们可能会感觉永远在与时间赛跑；而在其他文化中，更加悠闲和灵活的时间观念可能有助于减少压力，增强社区感和家庭联系，提升生活质量。

二、时间观念与工作效率

在现代社会中，时间观念作为一种文化和个人行为标准，在很大程度上影响着工作效率。这种影响不仅体现在个人层面，也深刻地作用于整个集体或组织的运作方式中。简言之，时间观念是个体或集体对时间的价值、重要性以及怎样管理时间的一种态度或信念。它在不同的文化背景中呈现出多样性，从而导致了对工作效率的不同理解和追求。

在一些文化中，时间被视为极其宝贵的资源，人们强调效率和速度，认为快速完成任务是能力和成功的象征。这种对时间的高度重视促进了一种以结果为导向的工作方式。在这样的环境下，个人被鼓励通过优化工作流程、减少时间浪费和提高任务执行速度来提升工作效率。例如，快节奏的商业环境和技术行业往往倾向于这种时间观念，他们通过紧迫的截止日期和对快速交付的奖励来激励员工。这种对时间管理的严格要求确实可以在短期内显著提高产出和效率，但也可能带来压力和疲劳，从而影响长期的工作表现和员工的身心健康。

与此相对，另一些文化更加重视任务完成的质量和过程，而不是仅仅追求速度。在这些文化中，人们相信深思熟虑和全面考虑将带来更优质的成果，即使这意味着需要更多的时间来完成任务。这种时间观念强调了耐心、细致和对细节的关注，认为这些因素是达到最终成功的关键。例如，一些欧洲国家就更倾向于这种工作节奏，他们认为高质量的工作成果更能体现个人和集体的价值。这种方法有助于确保项目和任务在交付前经过充分的策划和审查，从而减少错误和返工，长期看来可能更有利于维持高水平的工作效率。

然而，这两种时间观念的差异也引发了关于工作效率最佳途径的辩论。一方面，以速度为导向的文化可能忽视了工作质量和创新的重要性，这在某些情况下可能会导致结果的不持久和可持续性问题。另一方面，过分强调过程和质量可能导致效率低下和决策迟缓，特别是在需要快速反应的市场环境中。因此，找到一个平衡点，即在保证质量的同时提高速度，成为许多组织和个人追求的目标。

实现这一平衡的关键在于培养一种灵活的时间观念，既能够适应快速变化的环境，也能够保持对工作质量的承诺。这可能意味着在项目的不同阶段采取不同的策略，例如，在初期阶段重视深入思考和规划，而在执行阶段则加快步伐，确保高效交付。此外，利用现代技术和工具来优化工作流程和提高效率，同时为员工提供足够的时间来探索创新的解决方案，也是实现这一目标的有效方式。

除了以上策略，提升个人和集体的时间管理技能也是至关重要的。这包括设定明确的目标、优先级排序、有效的任务分配以及监控进度以确保按时完成任务。通过这样的方式，可以更好地利用时间，同时避免过度压力和燃尽现象，保持持久的工作动力和效率。

三、跨文化交流中的时间管理

在全球化的大背景下，跨文化交流已成为日常生活中不可或缺的一部分，尤其是在国际公司和学术交流的场合。这种交流不仅涉及语言和习俗的差异，

第七章 组织与环境对时间管理的影响

更触及了时间观念这一核心层面。时间观念的差异,对沟通和合作产生深远的影响,管理这些差异,以促进有效合作,成为一项重要任务。

在不同的文化背景下,时间的概念可以大相径庭。某些文化,如美国和德国,强调时间的准确性和效率,袖珍时间表和严格的截止日期是工作和生活的常态。在这些文化中,会议通常按计划开始和结束,项目的每个阶段都有明确的时间安排。然而,在拉丁美洲、非洲和部分亚洲国家,人们对时间的看法更为宽松,重视人际关系和当下的享受胜过严格遵守时间。在这些地区,商务会议可能会晚些开始,而且讨论可能会绕道而行,重点是建立关系和信任,而不仅仅是事务的高效处理。

第一,这种根深蒂固的时间观念差异,在国际公司和学术交流中,往往导致误解和沟通障碍。例如,一个习惯于严格时间管理的项目经理,可能会对合作伙伴的迟到或截止日期的宽松态度感到不耐烦,将其解读为不专业或缺乏责任感。反之,那些来自重视人际关系和灵活时间安排文化背景的个体,可能会将过分的时间压力视为对个人尊重的缺失,从而影响合作氛围和团队士气。要管理这些差异,促进跨文化环境中的有效合作,需采取多方面的策略。其中,增强跨文化意识和敏感度至关重要。了解并尊重不同文化对时间的看法,可以帮助团队成员开展更为顺畅的沟通,从而减少误解。这包括认识到不同文化中时间观念的合理性,以及它们背后的价值观和历史根源。

第二,制定共同的工作规范和预期,是协调不同时间观念的有效途径。在项目启动之初,团队可以就会议时间、工作截止日期等关键事宜达成一致,制定出既考虑到项目效率,又体现对个人和文化差异尊重的规则。例如,可以设立一个灵活的时间窗口来安排会议,以适应不同时区和工作习惯,或者为任务设置早期的软截止日期和最终的硬截止日期,以留出调整和沟通的空间。

第三,利用技术工具和沟通平台,来弥补时间管理上的差异。在今天,技术提供了多种方式来促进跨文化合作,比如,共享日历、在线协作工具和即时通信软件,都可以帮助团队成员保持同步,及时了解项目进度和变更。通过有效利用这些工具,可以在不牺牲工作质量的前提下,为不同时间观念的团队成员最大限度地提供灵活性。

培养共情和耐心，对于跨文化交流中的时间管理同样至关重要。理解和接纳团队成员的不同背景和需求，可以帮助构建一种包容和支持的工作环境。在面对时间管理上的挑战时，以开放的态度进行沟通，寻找创造性的解决方案，而不是简单地坚持己见，将有助于加强团队的凝聚力和合作精神。

跨文化交流中的时间管理是一个复杂但可控的挑战。通过增强跨文化意识，制定共同的工作标准，利用技术工具，以及培养共情和耐心，可以有效地管理这些差异，促进不同背景和时间观念的个体之间的有效合作。这不仅需要每个人的努力，更需要团队和组织层面上的战略规划和支持。在这个过程中，每一次成功的跨文化合作，都是对全球化世界互联互通和共同发展理念的深化和实践。

第八章 技术工具在时间管理中的应用

在当代社会，时间管理已成为提高效率和实现目标的关键。本章着重讨论了技术工具在时间管理中的重要性。我们将探讨数字日程和提醒工具如何帮助个人和组织更有效地规划和跟踪日常任务。接着，我们会深入分析时间追踪与分析工具，它们如何帮助我们更好地理解和优化时间分配。本章还将介绍学习管理系统的使用，这是一种特别适合教育环境的时间管理工具，能够促进学习效率和组织能力。最后，我们将探究技术干扰对时间管理的影响，并提出一系列管理策略以应对这些挑战。通过本章的学习，读者将获得关于如何利用技术工具更好地管理时间的深刻见解。

第一节 数字日程与提醒工具

一、数字日程工具的基本功能

数字日程工具在大学生的生活中扮演着至关重要的角色。这些工具不仅简化了日常任务、会议和重要事件的记录和组织，还提供了高效的用户界面设计，使用户能够轻松地管理他们的时间和任务安排。

对大学生而言，每天都是充满各种各样任务的。他们可能需要完成课堂作业、准备考试、参加社团活动、参与志愿者工作等。在这样繁忙的日程下，数字日程工具的记录功能发挥着关键的作用。通过这些工具，大学生可以将任务按照时间、优先级等分类，建立清晰的任务列表。他们可以设定提醒，确保不会错过任何重要的截止日期或事件。例如，如果明天有一份重要的作业要交，他们可以在日程中设置提醒，这样就不会因为疏忽而忘记了。

数字日程工具也为大学生组织会议和重要事件提供了便利。在大学生活中，参加各种会议、讲座、社交活动是非常常见的。对那些参与学生组织、社团、团队项目的学生来说，及时准确地安排会议和活动显得尤为重要。数字日程工具通过其丰富的功能，使得组织这些活动变得轻而易举。用户可以在工具中设置会议的时间、地点、参与人员等信息，并且可以与其他人共享日程，确保所有参与者都能及时了解到重要信息。例如，学生组织可以利用这些工具安排每周例会的时间，确保每个成员都能参与其中，并且提前通知他们会议的议程和地点。

另外，这些工具的用户界面设计非常友好，易于使用。大多数数字日程工具都采用直观的界面设计，用户可以轻松地添加、修改和删除事件，而无须费心费力地学习复杂的操作步骤。这种简洁而有效的设计使得这些工具成为大学生日常生活中不可或缺的一部分。无论是在手机上使用还是在电脑上使用，用户都可以通过简单地点击或拖拽来完成各种操作。这种便捷性使得大学生更愿意使用这些工具来管理自己的时间和任务。

数字日程工具通过其简单而强大的功能，以及友好的用户界面设计，为大学生提供了一个高效管理时间和任务的工具。无论是记录日常任务，还是组织会议和重要事件，这些工具都能够帮助用户轻松应对各种挑战，提高工作效率，实现自己的目标和理想。在竞争激烈的大学生活中，合理利用数字日程工具无疑是提高生活质量和学习效率的重要途径之一。

二、提醒和通知系统

在当今快节奏的大学生活中，管理时间和任务至关重要。为了帮助大学生有效地管理他们的日程安排和任务，提醒和通知系统发挥了关键的作用。这些系统利用各种方式，如电子邮件、手机通知或桌面弹窗等，向用户发送提醒，确保他们不会错过重要的任务和约会。

首先，电子邮件是最常见的提醒和通知工具之一。大学生通常有一个专门用于学校和课程相关通知的邮箱。学校、教授或课程管理系统可以通过电子邮件向学生发送重要信息，例如，课程作业的截止日期、考试安排或课程变更通知。电子邮件的优势在于它是一种常见且被普遍接受的通信方式，几乎所有的大学生都有一个邮箱，并且可以在电脑或手机上方便地查看。此外，电子邮件通常具有较高的可靠性和稳定性，不易被忽略或遗漏。

其次，手机通知也是一种广泛使用的提醒工具。几乎每个大学生都拥有一部智能手机，并且手机通知可以通过应用程序向他们发送即时提醒。许多学校和课程管理系统都提供了手机应用程序，允许学生接收课程更新、作业提醒和其他重要通知。手机通知的优势在于即时性和直接性，可以在手机屏幕上立即显示，吸引用户的注意力。此外，手机通知通常可以定制，用户可以根据自己的偏好和时间表设置提醒方式和频率，从而更好地适应他们的需求。

另外，桌面弹窗也是一种常见的提醒方式。许多应用程序和软件都具有桌面提醒功能，可以在计算机屏幕上弹出窗口显示提醒信息。对那些经常使用电脑进行学习和工作的大学生来说，桌面弹窗可以在他们注意力集中时提醒他们重要的事项。这种提醒方式的优势在于它的直接性和突出性，弹出窗口通常会出现在屏幕的前景，不易被忽视。此外，桌面弹窗还可以与其他应用程序和日历同步，确保提醒信息的准确性和及时性。

提醒和通知系统通过各种方式（如电子邮件、手机通知或桌面弹窗）提醒大学生即将到来的任务和约会，确保用户不会错过重要事项。这些工具的使用不仅可以帮助大学生有效地管理他们的日程安排和任务，还可以提高他们的工作效率和生产力。随着科技的不断发展，提醒和通知系统将继续在大学生活中发挥重要的作用，为学生提供更加便利和高效的学习体验。

三、日程规划的优化

在当今社会，大学生面临着繁重的学业压力和各种社会活动的参与，因此日程规划对他们来说尤为重要。通过合理地利用各种工具进行日程规划的优化，可以帮助大学生更加高效地管理时间，提高学习和生活的质量。首先，了解并掌握各种日程规划工具的功能十分关键。例如，像 Google Calendar、Microsoft Outlook 等日历类应用程序，以及诸如 Trello、Todoist 等任务管理工具，都提供了丰富的功能，如设置重复事件、划分子任务等。这些功能为大学生提供了灵活性和便利性，使他们能够更好地组织自己的学习和生活。

针对不同类型的活动，制定相应的规划策略也是至关重要的。大学生的日程通常包括课程安排、学习时间、社团活动、社交聚会等各种活动。针对这些不同类型的活动，可以采用颜色编码系统来区分，例如，将学习相关的任务标记为蓝色，社团活动标记为绿色，社交聚会标记为红色等，这样一目了然，有助于大学生更快速地理清自己的日程安排，做出相应的调整。另外，对于重复性的任务或事件，合理设置重复事件也是日程规划中的一个关键点。比如，每周固定的课程、每月一次的社团活动等，都可以通过日历应用程序的重复事件功能来自动添加，这样可以减少重复性的手动操作，节省时间和精力。

此外，将任务划分为子任务也是日程规划中的一个有效策略。大学生常常面临着一些庞大的任务，如写一篇论文、准备一场演讲等，这时候将任务分解为若干个具体的子任务，然后逐步完成，不仅可以使任务看起来更加可控，还能够更好地安排时间，提高工作效率。

除了利用各种工具和策略进行日程规划，大学生还应该注重灵活性和适应性。日程规划只是一个工具，其目的是帮助我们更好地管理时间、提高效率，但并不是一成不变的。面对不断变化的学习和生活环境，我们需要不断调整和优化自己的日程规划，以适应新的需求和挑战。

日程规划的优化对大学生来说至关重要。通过合理地利用各种工具和策略，我们可以更加高效地管理时间，提高学习和生活的质量。当然，日程规划只是一个手段，更重要的是培养自己良好的时间管理习惯和学习方法，才能真正实现自我提升和成长。因此，希望大学生能够认真思考自己的日程规划，不断优化和完善，以实现自己的学业和生活目标。

第二节 时间追踪与分析工具

一、时间追踪工具的基本功能

时间追踪工具作为现代生活中不可或缺的辅助工具之一，具备多项基本功能，以帮助用户更有效地管理和利用时间。其最基本的功能之一是自动记录

第八章 技术工具在时间管理中的应用

活动时间。通过这一功能，时间追踪工具能够精确地追踪用户的活动，包括工作、学习、休息等各种活动的时间消耗情况。这种自动记录不仅减轻了用户手动记录时间的负担，也确保了记录的准确性和全面性。

这一功能的重要性不言而喻。在现代社会中，人们的生活节奏不断加快，各种任务和活动层出不穷。面对繁杂的日常安排，我们往往容易陷入时间管理的困境，在不知不觉中浪费大量的时间，或者无法有效地安排时间来完成重要任务。而时间追踪工具的自动记录功能，则为我们解决了这一难题。它能够准确地记录我们的活动时间，无论是工作、学习还是娱乐，每一分钟都被清晰地记录下来。这样一来，我们就可以更加直观地了解自己的时间利用情况，从而有针对性地进行调整和改进。

时间追踪工具还具备任务分类功能。通过用户设定的不同任务类别，这些工具可以将用户的时间分配情况进行分类统计，让用户清晰地了解自己在不同领域或活动上的时间分配情况。例如，用户可以将学习、工作、娱乐等不同类型的任务设定为不同的分类，从而更好地了解自己在各方面的时间投入情况，有针对性地进行时间管理和调整。

这种任务分类功能的实现，极大地提升了时间追踪工具的实用性和适用性。在日常生活中，我们的任务和活动种类繁多，有些是必须完成的工作任务，有些是为了放松身心的娱乐活动，而有些则是为了个人发展和成长的学习任务。通过时间追踪工具的任务分类功能，我们可以清晰地了解自己在各方面的时间投入情况，发现自己在某些方面花费过多时间或者过少时间，从而有针对性地进行调整和优化。

除此之外，时间追踪工具还能够生成时间使用报告。通过对用户活动时间的统计和分析，这些工具可以生成详尽的报告，展示用户的时间利用情况、时间分配比例以及时间使用趋势等信息。这些报告不仅可以帮助用户全面了解自己利用时间的情况，还可以帮助用户发现时间管理中的问题和改进空间，从而更有效地规划和利用时间。

这种时间使用报告的生成，对于个人发展和成长具有重要意义。在当今竞争激烈的社会中，时间管理成为每个人必须掌握的重要技能之一。而通过时间追踪工具生成的时间使用报告，则可以帮助我们全面了解自己的时间利用情况，发现时间管理中的问题和瓶颈，从而有针对性地进行调整和改进。比如，通过报告我们可以看到自己在某些活动上花费了过多的时间，而在其他活动上花费了过少的时间，这就提示我们需要调整自己的时间分配策略，合理安排时间来完成重要任务。

时间追踪工具的基本功能主要包括自动记录活动时间、任务分类和生成时间使用报告等方面。这些功能的实现不仅能够帮助用户更好地理解和管理自己的时间，还能够提高用户的时间利用效率，促进个人发展和成长。因此，对大学生等需要高效管理时间的群体来说，掌握并有效使用时间追踪工具是非常重要的。

二、数据分析与洞察

作为当今社会中一个活跃的群体，大学生对时间的利用方式以及与数据相关的活动都呈现出了一定的特点和趋势。我们可以观察到大学生在利用数据方面有着较为广泛的需求和应用。他们可能会利用数据来完成学术研究、进行课程项目的分析、管理个人日程安排，以及参与社交媒体等活动。这些数据可能包括学术文献、课程资料、个人日程表、社交媒体内容等。通过对这些数据的分析，我们可以窥见大学生的时间利用模式以及其工作效率的现状。

一方面，大学生在利用数据方面的挑战之一是识别时间浪费的模式。随着社交媒体的普及和移动设备的普遍使用，大学生往往会面临来自社交媒体、手机游戏等的诱惑，容易陷入时间浪费的境地。通过对个人的数据记录和分析，可以发现一些明显的时间浪费模式，比如，长时间浏览社交媒体、频繁切换任务导致效率低下等。这些洞察对于大学生改善时间管理、提高工作效率具有重要意义。

另一方面，评估工作效率也是大学生利用数据的重要目标之一。大学生通常需要面对繁重的学业压力，包括课程学习、科研项目、社团活动等多方面。通过对个人时间利用情况的数据分析，可以客观地评估自己的工作效率。比如，通过记录每天的学习时间、完成任务的数量和质量等指标，可以对自己的学习状态进行全面的了解，并及时调整学习策略，提高工作效率。此外，还可以利用数据分析工具对不同时间段和任务类型的工作效率进行比较，找出最佳的学习和工作时间安排。

针对大学生时间利用的现状和挑战，我们可以提出一些改进措施和建议。首先，大学生可以利用各种时间管理和数据分析工具来记录和分析个人时间利用情况。比如，可以使用手机应用来记录每天的学习和工作时间，使用网站浏览统计工具来分析自己在社交媒体上的时间花费等。其次，大学生可以制订科学合理的时间管理计划，根据个人的学习和工作习惯制定每天的任务安排和时间分配，避免时间浪费和效率低下的情况发生。此外，大学生还可以通过参加时间管理和学习技巧的培训课程，提高自己的工作效率和时间管理能力。

大学生利用数据进行时间管理和工作效率评估具有重要的意义和价值。通过对个人时间利用情况的数据分析，可以识别时间浪费的模式、评估工作效率，并提出改进措施和建议。这对于大学生改善学习和工作状态，提高工作效率和学习成绩都具有积极的促进作用。因此，大学生应该重视数据分析在时间管理和工作效率评估中的应用，努力提高自己的时间管理能力和工作效率，更好地应对学习和生活的挑战。

三、设置目标与跟踪进展

在大学生活中，有效的时间管理是成功的关键之一。然而，许多大学生常常面临着课程繁重、社交活动丰富以及个人生活琐事的压力，导致他们感到时间不够用，难以有效地安排自己的学习和生活。为了解决这一问题，讨论时间追踪工具如何帮助大学生设定具体的时间管理目标，并跟踪进度，从而保持工作和学习的动力和方向尤为重要。

时间追踪工具为大学生提供了一个清晰的时间框架，帮助他们更好地理解自己的时间分配情况。通过记录每天的活动和任务，大学生可以更清晰地看到自己在哪些方面花费了过多的时间，以及哪些方面需要更多的时间投入。例如，一个学生可能发现自己在社交媒体上花费了大量的时间，而忽略了课程学习或课外活动。通过时间追踪工具的帮助，他们可以更准确地评估自己的时间利用效率，并做出相应的调整。

时间追踪工具还可以帮助大学生设定具体的时间管理目标。通过分析自己的时间使用情况，大学生可以确定哪些方面需要改进，然后制定相应的目标来提高自己的时间管理能力。例如，一个学生可能意识到自己经常在做作业时分心，导致效率低下。他可以设定一个目标，例如，每天专注地学习四小时，然后利用时间追踪工具来监督自己的学习时间，并确保达到设定的目标。

除了设定目标，时间追踪工具还可以帮助大学生跟踪自己的进展。通过记录每天的活动和任务，大学生可以清楚地看到自己在时间管理方面取得的进步，从而增强自信心和动力。例如，一个学生可能开始时很难保持每天四小时的专注学习时间，但随着时间的推移，他可能会发现自己的学习效率在逐渐提高，达到了设定的目标。通过时间追踪工具的帮助，他可以及时地看到自己的进步，从而更有动力地坚持下去。

此外，时间追踪工具还可以帮助大学生保持工作和学习的动力和方向。在忙碌的大学生活中，很容易迷失方向，感到丧失动力。然而，通过记录和分析自己的时间使用情况，大学生可以更好地掌控自己的生活，保持目标的清晰和动力的高涨。例如，一个学生可能会发现自己在学习上投入的时间不够，导致成绩下降，但通过时间追踪工具的帮助，他可以及时调整自己的学习计划，并重新树立起学习的动力和方向。

时间追踪工具对于大学生设定具体的时间管理目标，并跟踪进展，从而保持工作和学习的动力和方向具有重要意义。通过记录和分析自己的时间使用情况，大学生可以更好地理解自己的时间分配情况，以设定具体的时间管理目标，并跟踪自己的进展。这不仅有助于提高时间管理能力，还可以增强自信心和动力，从而更好地应对忙碌的大学生活。因此，大学生应该积极利用时间追踪工具，提高自己的时间管理能力，实现自己学习和生活的目标。

四、集成与互操作性

在当今数字化时代，人们对于时间管理的需求越来越迫切，因此软件开发者不断努力创新，以提供更加全面、高效的解决方案。其中一个重要的方面就是集成与互操作性。集成性指的是一个应用程序能够与其他应用程序进行无缝连接和交互,而互操作性则是指这种连接和交互的能力。

使用时间管理工具时,往往不能局限于单一的应用程序,而应将多个应用程序整合在一起,以便更好地管理时间。举例来说,日历、任务管理器和提醒服务都是常见的时间管理工具,它们各自有着不同的功能和优势。然而,单独使用这些工具可能会导致信息分散、重复录入等问题,从而降低了效率。

因此,集成与互操作性变得至关重要。通过将这些工具整合在一起,用户可以更加方便地进行时间管理。比如,一个时间管理应用程序可以与用户的日历应用程序连接,将任务的截止日期自动同步到日历中,这样用户就可以清晰地看到自己的时间安排。同时,该应用程序还可以与任务管理器进行互操作,将已完成的任务自动标记为已完成,或者在任务截止日期临近时发送提醒。此外,还可以与提醒服务进行整合,及时提醒用户重要事件或任务。

这种集成与互操作性不仅仅提高了用户的工作效率,也增强了用户体验。用户不再需要在不同的应用程序之间来回切换、手动录入信息,而是可以通过一个统一的界面来管理所有的时间安排。这不仅节省了时间,也减少了出错的可能性。

另外,集成与互操作性还可以为开发者带来更多的商业机会。通过与其他应用程序合作,开发者可以拓展自己的用户群,增加应用程序的曝光度和影响力。而且,集成性也可以为开发者提供更多的创新空间,他们可以开发出更加丰富、功能更强大的应用程序,满足用户不断增长的需求。

集成与互操作性对时间管理工具来说至关重要。它不仅提高了用户的工作效率,也增强了用户体验,同时也为开发者带来了更多的商业机会。因此,无论是用户还是开发者,都应该重视集成与互操作性,不断探索和提升这方面的能力,以更好地满足时间管理的需求。

第三节　学习管理系统的利用

一、概述学习管理系统（LMS）

学习管理系统（LMS）是一种为教育机构和组织提供在线学习支持和管理的软件应用程序。它的功能和目的在于提供一个集成平台，促进教学和学习的效率和效果。LMS 通常包括一系列工具和功能，旨在管理课程内容、组织学习资源、跟踪学生进度、促进交流和评估学习成果。

作为一个集成平台，LMS 为教育机构提供了统一的管理和交互环境。通过 LMS，教师可以轻松创建和发布课程内容，包括教学材料、作业、测验和其他学习资源。这种集成性使得教学内容的管理更加高效，有助于保持课程的连贯性和一致性，同时也方便了学生对学习材料的获取和理解。

LMS 为学生提供了一个便捷的学习平台，使他们能够根据自己的学习节奏和时间安排进行学习。学生可以通过 LMS 访问课程内容、提交作业、参与在线讨论以及与教师和同学进行互动。这种灵活性和便利性有助于满足不同学习者的需求，提高了学习的自主性和参与度。

LMS 还可以帮助教育机构跟踪和评估学生的学习进展和成绩。通过 LMS，教师可以轻松地监控学生的作业提交情况、测验成绩和参与度，及时发现并解决学习中的问题和难点。同时，LMS 还提供了丰富的数据分析功能，帮助教育机构对学生的学习情况进行全面的评估和分析，为教学改进提供数据支持。

此外，LMS 还促进了教师和学生之间以及学生之间的交流与合作。教师可以通过 LMS 向学生提供反馈和指导，解答他们的问题，促进学习的深入和理解。同时，学生也可以通过 LMS 与同学们进行讨论、分享学习资源和经验，增强学习的互动性和社群感。

学习管理系统作为一个集成平台，在教育教学领域发挥着重要作用。它不仅提供了便捷的学习环境和管理工具，还促进了教学和学习的互动与交流，有助于提升教育的效率和质量。随着科技的不断发展和创新，LMS 将继续发挥重要的作用，为教育教学带来更多的可能性和机遇。

二、课程与资源整合

在当今数字化时代，学习管理系统（LMS）已成为大学教育的重要组成部分，对于帮助大学生整合各类课程资源起着关键作用。LMS 是一种在线平台，集成了诸如视频讲座、阅读材料、作业和在线测试等多种学习资源，为学生提供了一站式的学习环境。这种资源整合不仅节省了学生寻找和整理材料的时间，还大大提高了他们的学习效率。

LMS 为学生提供了便捷的访问途径，使他们能够随时随地获取所需的学习资源。无论是在校园内还是在家中，学生都可以通过登录 LMS 平台轻松地查阅课程内容。这种随时可用的特性消除了地理和时间上的限制，使得学习资源的获取变得更加灵活和便捷。

LMS 提供了多样化的学习资源，满足了不同学习风格和需求的学生。通过 LMS 平台，学生可以通过观看视频讲座来深入理解课程内容，阅读电子书籍和学术文章来拓宽知识面，完成在线作业和测试来巩固所学知识。这种多样化的资源形式，使得学生可以根据自己的学习习惯和需求选择最适合自己的学习方式，从而提高学习的效果。

此外，LMS 还提供了便捷的交流和互动平台，促进了师生之间的沟通和合作。通过 LMS 的讨论板块和在线聊天功能，学生可以与老师和同学进行实时的交流和讨论，分享学习心得和解决问题。这种互动交流不仅有助于加深对课程内容的理解，还能够培养学生的团队合作和沟通能力，为他们未来的学习和工作打下良好的基础。

LMS 通过智能化的学习分析和反馈系统，为学生提供了个性化的学习支持和指导。通过分析学生在平台上的学习行为和表现，LMS 可以为每位学生量身定制学习路径和推荐资源，帮助他们更加有效地学习和提高成绩。同时，LMS 还可以及时地提供学习反馈和评估，帮助学生及时发现和纠正学习中的问题，提高学习效率和成果。

LMS通过整合各类课程资源，为大学生提供了便捷、多样化和个性化的学习环境，极大地提高了他们的学习效率。作为一种现代化的教育工具，LMS在推动大学教育的数字化转型和提升教学质量方面发挥着不可替代的作用，将为未来教育的发展带来更多的可能性和机遇。

三、自我监控与进度跟踪

自我监控与进度跟踪在现代大学教育中扮演着至关重要的角色。学习管理系统（LMS）中的自我监控工具被设计用来帮助大学生有效地设定学习目标、跟踪学习进度，并在必要时调整学习计划。这些工具的作用不仅仅是提供了一个平台，让学生能够记录他们的学习活动，更重要的是，它们为学生提供了一种机制，可以通过不断地评估和反思自己的学习情况来改进学习方法和策略。

自我监控工具通过帮助学生设定明确的学习目标，有助于提高学习的有效性和效率。通过LMS，学生可以制定具体、可衡量和可达成的学习目标，例如，每周阅读一定数量的课程材料、完成特定的作业或准备参加考试。这些目标的设定不仅使学生对自己的学习有了清晰的方向，还有助于激发他们的学习动力和积极性。

自我监控工具可以帮助学生跟踪他们的学习进度，及时发现和解决学习中的问题。通过记录学习活动和成果，学生可以清晰地了解自己的学习状态，包括学习的速度、理解程度以及遇到的困难和挑战。例如，学生可以通过LMS中的进度条或任务列表来跟踪他们已完成和待完成的任务，从而及时调整学习计划，确保按时完成学业。

另外，自我监控工具还可以帮助学生进行学习成果的评估和反思，从而改进学习方法和策略。通过定期审视自己的学习成果，学生可以发现自己的学习效果如何，是否达到了预期的学习目标。如果发现学习效果不佳，学生可以分析原因，思考如何调整学习方法和策略，以提高学习效果和效率。例如，他们可以尝试采用不同的学习方式，寻求帮助和支持，或者重新安排学习时间和任务优先级。

自我监控与进度跟踪是大学生在学习过程中至关重要的能力和技能。通过学习管理系统中的自我监控工具，学生可以有效地设定学习目标、跟踪学习进度，并根据需要调整学习计划。这不仅有助于提高学生的学习效果和效率，还培养了他们的自我管理和反思能力，为他们未来的学习和职业发展奠定了坚实的基础。

四、时间管理工具的应用

时间管理工具在当今社会中变得愈加重要，尤其对大学生这一群体而言。在大学生活中，他们面临着各种各样的挑战，包括课程压力、社交活动、兼职工作等，有效地管理时间对于保持学习和生活的平衡至关重要。因此，现代学习管理系统（LMS）中内置的时间管理工具，如日历、提醒和截止日期跟踪器等，对大学生的学习效率和任务规划起着重要作用。

日历是一种常见的时间管理工具。它可以帮助大学生记录重要事件、课程安排和学习计划。通过LMS中内置的日历功能，学生可以轻松地将课程表、考试日期和作业截止日期整合到一个统一的平台上，从而清晰地了解自己的学习时间安排。通过将所有重要的时间点都记录在日历上，学生可以更好地组织自己的学习活动，避免时间冲突和遗漏重要事件。

提醒功能是另一个非常实用的时间管理工具。它可以帮助大学生及时地提醒自己需要完成的任务和即将到来的重要事件。在LMS中设置提醒功能后，学生可以根据自己的需求设定提醒的时间和内容，以确保不会忘记重要的学习任务和活动。例如，学生可以设置提醒来提醒自己准备即将到来的考试或作业的截止日期，或者提醒自己参加重要的课程讨论或活动。通过及时提醒，学生可以更好地掌握时间，避免拖延和临时抱佛脚的情况发生，提高学习效率。

另外，截止日期跟踪器是一种能够帮助大学生有效管理作业和项目进度的工具。通过LMS中内置的截止日期跟踪器，学生可以清晰地了解每项作业或项目的截止日期，并随时监控自己的任务进度。当完成一项任务时，他们可以在截止日期跟踪器中标记为已完成，从而帮助他们跟踪自己的任务完成情况，并及时调整学习计划。此外，截止日期跟踪器还可以帮助学生预防作业拖延的

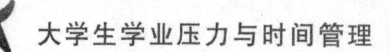

情况发生,因为他们清楚地知道每项任务的截止日期,并可以合理分配时间来完成任务,避免最后时刻的压力和焦虑。

LMS 中内置的时间管理工具,如日历、提醒和截止日期跟踪器等,对大学生的学习效率和任务规划起着重要的作用。通过这些工具,学生可以更好地组织和规划自己的学习时间,避免时间浪费和任务拖延的情况发生,从而提高学习效率,取得更好的学习成绩。因此,大学生应该充分利用 LMS 中提供的时间管理工具,将其纳入自己的学习日常,以帮助他们更好地应对学习和生活中的各种挑战。

第四节 技术干扰与管理策略

一、识别技术干扰

在当今数字化时代,大学生面临着诸多来自技术的干扰,这些干扰源广泛存在于日常生活中,例如,社交媒体通知、电子邮件、即时消息等。对大多数人而言,这些技术干扰已经成为生活的一部分,但如何正确地识别并处理这些干扰对于提高时间管理和生产力至关重要。

了解技术干扰的常见类型是至关重要的。社交媒体通知是其中之一,它们可能来自各种平台,如 Facebook、Instagram、Twitter 等。这些通知可能是新消息、朋友请求、点赞或评论等,它们往往会引起人们的好奇心和兴奋感,导致分心和时间浪费。另一个常见的技术干扰是电子邮件,大学生经常会收到来自教授、同学或学校组织的邮件,其中包含课程信息、作业安排或校园活动通知。如果不加以控制,频繁的邮件通知可能会打断学习或工作流程。此外,即时消息应用程序如 WhatsApp、Messenger 等也是技术干扰的主要来源,因为它们能够随时随地连接人们并实时交流,然而,频繁的消息通知可能会干扰学习或工作的连续性和专注度。

理解这些技术干扰如何影响时间管理和生产力尤为重要。技术干扰往往会打断人们的思维和工作流程,使他们难以集中精力完成任务。例如,当一个学生正在阅读课本或写作业时，突然收到来自社交媒体或即时消息的通知，他们可能会停下手头的工作去查看通知，这会中断他们的学习过程并降低效率。此外，技术干扰还可能导致时间浪费，因为人们往往会陷入社交媒体或消息应用程序中无意义的浏览和聊天，忽略了原本安排好的学习或工作时间。因此，若不及时识别和应对这些干扰，大学生很容易陷入时间管理困境，影响他们的学习成果和成绩。

针对以上问题，一些应对策略可以帮助大学生有效识别和减少技术干扰。首先，他们可以通过调整手机或电脑的通知设置来限制社交媒体和消息应用程序的通知频率，例如，关闭非必要的通知或设定专门的静音时间。其次，建立良好的时间管理习惯。大学生可以制订详细的学习或工作计划，并设定专注时间段，在这段时间内集中精力完成任务，避免被技术干扰打断。此外，学会有效地使用工具和应用程序也是提高生产力的关键，例如，使用专门的时间管理应用程序来跟踪和规划任务，或使用浏览器插件屏蔽特定网站以减少诱惑。

识别和处理技术干扰对于大学生提高时间管理和生产力至关重要。通过了解常见的干扰类型、理解其对时间管理和生产力的影响，并采取相应的应对策略，大学生可以更好地控制自己的学习和工作环境，提高效率，取得更好的学习成果。

二、设置技术界限

在当今数字化时代，技术已经成为大学生日常生活中不可或缺的一部分。然而，随着技术的普及和便利性的提升，很多大学生发现自己沉迷于技术世界，难以自拔。为了更好地平衡技术的利与弊，大学生应学会为自己设定明确的技术界限。

大学生可以通过关闭非必要的通知来减少技术对他们生活的干扰。手机和电脑上的通知声不断响起，往往会让人产生焦虑感，影响工作和学习效率。因此，建议大学生在专注于任务或学习时关闭手机上的通知功能，避免被无关的信息打扰。例如，在上课或写作业时，可以将手机调至静音模式，避免因为接收短信或社交媒体通知而分心。

大学生还可以设定特定的时间段来检查电子邮件和社交媒体。技术的普及使得人们随时随地都能接收到邮件和社交媒体上的信息，然而频繁地查看和回复这些信息会消耗大量的时间和精力。因此，建议大学生设定固定的时间段，例如，每天早晨起床后、午餐时间或晚上休息前，专门用来处理电子邮件和社交媒体上的消息。在其他时间，尽量避免频繁地打开电子设备，以免分散注意力，影响学习和工作效率。

大学生还可以利用技术来帮助他们管理时间和任务。有许多应用程序和软件可以帮助用户制订学习计划、管理任务清单、提醒重要事件等。通过合理利用这些工具，大学生可以更加高效地安排自己的时间，提高学习和工作的效率。然而，需要注意的是，这些工具只是辅助手段，不能完全取代个人的时间管理能力。因此，大学生在使用这些工具的同时，仍然需要培养自己的时间管理技能，灵活调整计划，应对突发情况。此外，大学生还应该意识到技术界限的重要性，并且坚持遵守这些界限。虽然技术为我们的生活带来了诸多便利，但过度依赖技术也会带来诸多负面影响，如注意力不集中、社交孤立等。因此，大学生需要学会在技术的利与弊之间保持平衡，适时地将技术从生活中隔离出来，以保持心灵的宁静和清晰的思维。

大学生在使用技术的同时，要学会为自己设定明确的界限。这包括关闭非必要的通知、设定特定时间检查电子邮件和社交媒体、利用技术工具管理时间和任务等。然而，更重要的是，大学生需要意识到技术界限的重要性，并且坚持遵守这些界限，以保持自身的学习和工作效率，促进身心健康的发展。

三、利用应用程序自带的管理工具

在当今数字化时代，手机应用程序的使用已经成为人们日常生活中不可或缺的一部分。然而，随之而来的是大量的信息和娱乐源，容易分散我们的注意力，影响我们的时间管理和专注能力。针对这一挑战，许多应用程序开始提供时间管理和专注模式功能，旨在帮助用户更好地管理他们的时间和注意力。

手机的"勿扰模式"是一个常见功能。这个功能允许用户在需要时将手机设为静音或者只接受来自特定联系人的通知，从而减少外界干扰。通过将手机设为勿扰模式,用户可以专注于当前的任务或活动,而不被不必要的通知打扰。这对需要集中注意力完成工作或学习的人来说尤其有用。例如,当一个人在写作论文或准备考试时,勿扰模式可以帮助他们避免被社交媒体或短信等通知分散注意力,从而提高效率和专注度。

除了手机的勿扰模式,许多应用程序还提供了专注时间功能。这些功能通常允许用户设定一个特定的时间段,在这段时间内,应用程序会屏蔽一切与工作或学习无关的通知和功能,帮助用户集中精力完成任务。有些应用程序甚至会提供统计数据,帮助用户了解他们在专注模式下的效率和注意力集中程度。通过利用这些功能,用户可以合理分配工作和休息时间,提高工作效率和生产力。

然而,尽管这些应用程序提供了便利的时间管理和专注工具,但它们并不是解决注意力分散问题的唯一方法。在使用这些应用程序的同时,用户也需要培养良好的时间管理习惯和注意力控制能力。这包括制订合理的工作计划,设定明确的目标,以及学会在面对外界干扰时保持专注。此外,定期的休息和放松也是保持高效工作的重要因素,用户应该学会合理安排工作和休息时间,避免长时间连续工作而导致疲劳和注意力涣散。

利用应用程序自带的管理工具可以帮助用户更好地管理他们的时间和注意力,提高工作效率和专注度。然而,这些工具只是辅助手段,用户本身的时间管理习惯和注意力控制能力同样至关重要。通过结合利用应用程序的功能和培养良好的时间管理习惯,用户可以更好地应对当今快节奏的生活方式,实现自我提升和成就目标的愿望。

四、自我意识与自我控制

在当今数字化时代,大学生与技术的关系愈加密切,无论是学习、社交还是娱乐,技术都成为他们生活中不可或缺的一部分。然而,随之而来的是对自我意识和自我控制的挑战。重要的是,大学生需要意识到,技术使用不仅仅是一种工具,更是一种习惯和行为模式,而对其进行自我监控和自我反思则至关重要。

大学生应该认识到自身技术使用习惯的影响。在现代社会，技术无疑为我们的生活带来了便利，但也容易成为浪费时间和分散注意力的渠道。当大学生沉迷于社交媒体、游戏或其他娱乐应用时，他们可能会忽略学习、社交或其他重要活动，这可能对他们的学业、健康和人际关系造成负面影响。因此，培养自我意识，意识到技术使用对自身生活的影响，是至关重要的第一步。

而且大学生需要学会自我控制，限制不必要的技术使用。自我控制并不意味着完全抛弃技术，而是在必要时能够自觉地控制自己的技术使用行为。这需要一定的技巧和策略。例如，他们可以设定专注工作或学习的时间段，在这段时间内关闭社交媒体和其他可能分散注意力的应用；他们还可以设定定时休息，允许自己在一定时间内放松并使用技术娱乐，但要保持适度。此外，他们也可以寻找替代性的活动，如户外运动、阅读等，来减少对技术的依赖，丰富自己的生活。

在实践自我控制的过程中，自我监控和自我反思是至关重要的。通过自我监控，大学生可以时刻注意自己的技术使用行为，及时发现并纠正不良习惯。例如，他们可以记录自己每天使用各种技术的时间，并对比自己的学习、工作和生活情况，以找出不必要的技术使用行为。同时，通过自我反思，大学生可以深入分析自己技术使用背后的动机和心理需求。他们可以问自己：为什么我会沉迷于某个应用？是为了寻求社交认可，还是为了逃避学习压力？通过深入思考，他们可以找到更有效的方式来满足自己的需求，减少对技术的依赖。

大学生对于自身技术使用习惯的自我意识和自我控制至关重要。他们应该认识到技术使用对自身生活的影响，学会自我控制，限制不必要的技术使用，并通过自我监控和自我反思来不断改进自己的技术使用行为。只有这样，他们才能更好地平衡技术与生活，提高学习和工作效率，塑造积极健康的生活方式。

五、替代活动的建议

在当今社会，技术设备已经成为大学生日常生活中不可或缺的一部分。然而，长时间的技术使用已经引发了人们对于如何有效利用休息时间的担忧。为了帮助大学生在休息时不再默认回到技术设备，我们可以提供一些替代活动的建议。

首先，阅读是一个极具价值的替代活动。阅读不仅可以丰富知识，拓宽视野，还可以提升阅读理解能力和写作表达能力。建议大学生可以选择自己感兴趣的书籍、杂志或者网络文章，可以是小说、历史、科普等各个领域，根据自己的喜好来进行选择。通过阅读，大学生可以在放松的同时获取新知识，培养自己的思维能力。例如，可以尝试读一些经典文学作品，如莎士比亚的戏剧、托尔斯泰的小说，或者是一些现代畅销书，如《哈利·波特》《杀死一只知更鸟》等。阅读不同类型的书籍，可以开阔自己的视野，丰富自己的内心世界。

其次，户外活动也是一种极具吸引力的替代选择。长时间的技术使用容易导致身体疲劳和视力疲劳，而户外活动则可以有效缓解这些问题。大学生可以选择参加户外运动，如跑步、骑行、登山等，或者是进行休闲的户外活动，如野餐、郊游等。与室内活动相比，户外活动可以让大学生呼吸新鲜空气，感受大自然的美好，同时也有助于释放压力，提升心情。例如，可以组织一次郊游活动，邀请几个好友一起前往郊外，享受大自然的宁静与美丽。在郊游中，可以进行徒步、野餐、拍照等各种活动，感受大自然的奇妙，从而放松身心，重新充电。

此外，发展其他兴趣爱好也是一种很好的替代活动。大学生可以利用休息时间学习音乐、绘画、手工艺等各种技能，或者参加社团组织，结交志同道合的朋友，共同开展各种有趣的活动。通过发展兴趣爱好，大学生不仅可以充实自己的生活，还可以提升自己的综合素质。例如，可以参加学校的音乐社团，学习弹奏乐器或者参与合唱团表演，感受音乐带来的愉悦与情感共鸣。或者可以尝试学习绘画，通过绘画表达自己的情感与想法，享受创作的乐趣。另外，手工艺也是一种很好的选择，可以学习制作手工艺品，如手工折纸、手工陶艺等，培养自己的动手能力，放松心情，享受手工创作的乐趣。

针对大学生在休息时过度依赖技术设备的问题，我们可以提供一些替代活动的建议，如阅读、户外活动和发展其他兴趣爱好等。这些替代活动不仅可以帮助大学生放松身心，还可以丰富他们的生活，提升他们的综合素质。因此，大学生应该根据自己的实际情况来选择适合自己的替代活动，并逐步培养良好的休息习惯，保持身心健康。通过多样化的休闲方式，大学生可以更好地享受生活，拥有更加充实和有意义的大学生活。

第九章 创新教育方法与学业压力缓解

在当代教育领域,创新教育方法的探索和实践正日益受到重视。这一领域不仅关注教学方式的革新,还着眼于学生心理健康的维护,特别是在缓解学业压力方面。本章节将深入探讨教育创新对学业压力的影响,从多个角度阐释如何通过新兴的教育模式来优化学习过程和提升学生福祉。首先,将分析教育创新在减轻学生学业负担方面的作用,接着探讨混合学习模式的优势,如何结合线上与线下学习元素,以更灵活、高效的方式进行知识传授。接着,本章节将着眼于项目式学习和学生主导学习,这些方法如何激发学生的主动参与和创造力,同时也让学习过程更加贴近实际和生活。最后,章节将聚焦于心理健康教育的重要性,探讨如何将其有效融入日常教学,以培养学生的心理韧性,帮助他们更好地应对学业和生活中的挑战。这些多维度的探讨,旨在为教育工作者和学者提供一种全面而深入的视角,以理解和实施教育创新,促进学生的全面发展。

第一节 教育创新对学业压力的影响

一、个性化学习路径

个性化学习路径是当今教育领域的热门话题。它旨在充分考虑每个学生的独特需求和学习风格,以提供更加有效的教育体验。在当今社会,学生面临着越来越多的学业压力,而个性化学习路径的实施被认为是缓解这种压力的一种重要途径。

学校和教师在实施个性化学习路径时,首先需要了解每位学生的兴趣、能力和学习速度。通过定期的评估和观察,教师可以更好地了解学生的学习偏好和潜力。例如，某些学生可能更喜欢通过视觉方式学习，而另一些学生则更喜欢通过听觉方式学习。针对这些不同的学习风格，教师可以采用不同的教学方法和工具，以满足学生的需求。

此外，个性化学习路径还包括调整教学内容和课程设置。学校和教师可以根据每位学生的兴趣和能力，灵活地调整课程内容和难度。例如，对于一些学生已经掌握的知识点，可以通过提供更深入的挑战性任务来满足他们的学习需求，而对于其他学生可能需要更多的支持和辅导。这种个性化的教学方法可以帮助学生更好地理解和掌握知识，从而提高他们的学习兴趣和成绩。

个性化学习路径的实施不仅可以提高学生的学业成绩，还可以减轻他们的学业压力。根据每位学生的需求和能力量身定制教学计划，可以有效地降低学生的焦虑和压力。学生不再感到被迫按照统一的学习进度和标准学习，而是可以根据自己的节奏和能力进行学习，从而更加轻松和自信地面对学习挑战。

然而，个性化学习路径的实施也面临一些挑战和障碍。首先，需要投入大量的时间和资源来收集和分析学生的数据，以便更好地了解他们的学习需求和兴趣。其次，教师需要具备较高的教育水平和专业知识，以能够灵活地调整教学内容和方法。此外，学校和教育管理部门也需要提供必要的支持和指导，以确保个性化学习路径的顺利实施。

个性化学习路径是一种有效的教育方法，可以帮助学生更好地发展其潜力和兴趣，从而提高其学业成绩。通过充分考虑每位学生的需求和能力，学校和教师可以为他们提供更加个性化和有效的教育体验，以减轻他们的学业压力，促进其全面发展。然而，个性化学习路径的实施也需要面对一些挑战，需要学校、教师和教育管理部门共同努力，才能取得持续的成功。

二、灵活的课程结构

灵活的课程结构在当今教育体系中扮演着至关重要的角色，尤其是在缓解学业压力方面。随着社会的不断发展和变化，学生面临的挑战和压力也日益增加，而灵活的课程结构为他们提供了更多选择和适应性。通过探讨自主选择课程、调整课程难度和学习进度等方面，可以更深入地理解灵活课程安排对学生的积极影响。

自主选择课程的重要性不言而喻。传统的教育模式往往以固定的课程安排为主，学生被迫按照预设的课程表来学习，而这往往无法满足每个学生的个性化需求。然而，随着教育理念的变革，越来越多的学校开始倡导自主选择课程的理念，鼓励学生根据自己的兴趣和目标来选择所学的课程。这不仅能够激发学生的学习热情，还能够提高他们的学习效果和成就感。例如，一个对艺术感兴趣的学生可以选择更多的艺术类课程，而一个对科学研究感兴趣的学生则可以选择更多的科学类课程。这样学生就能够更加专注地学习自己感兴趣的领域，从而取得更好的学习成绩。

调整课程难度和学习进度也是灵活课程结构的重要组成部分。不同学生之间存在着差异化的学习能力和学习节奏，有些学生可能需要更多的时间来掌握知识，而有些学生则可能学得更快。因此，为了更好地满足学生的需求，课程设置应该具有一定的灵活性，学生可以根据自己的实际情况来选择课程的难度和学习进度。这样便可以有效地减轻学生的学习压力，避免因为学习进度不匹配而产生的焦虑和挫折感。同时，这也能够更好地激发学生的学习兴趣和学习动力，促进其全面发展。

除了自主选择课程和调整课程难度，灵活的课程结构还可以通过多元化的教学方式和评价方式来进一步促进学生的学习。传统的教学方式往往以讲授为主，学生被动地接受知识，而缺乏主动参与和实践的机会。然而，通过引入更多的实践性课程和项目式学习，可以让学生更加积极地参与到学习中去，从而提高他们的学习效果和学习能力。同时，评价方式也应该更加灵活多样，不仅要注重学生的学习成绩，还要充分考虑他们的综合素质和创新能力。这样才能够真正实现教育的目的，培养出更加全面发展的优秀人才。

灵活的课程结构在当今教育体系中具有重要的意义。通过自主选择课程、调整课程难度和学习进度以及多元化的教学和评价方式，可以更好地满足学生的个性化需求，促进其全面发展。因此，教育部门和学校应该进一步推广和实施灵活的课程结构，为学生创造更加良好的学习环境，促进教育的持续发展。

三、技术在教学中的应用

技术在教学中的应用已经成为教育领域的一大趋势。数字工具和在线学习平台的普及不仅为学生提供了更多的学习资源，也为教师提供了更多的教学工具和方法。首先，我们可以看到数字工具和在线学习平台如何帮助学生更高效地学习，从而减少他们的学业压力。在传统教学模式下，学生可能受限于教室内的资源和教师的讲解。然而，通过数字工具和在线学习平台，学生可以获得更广泛、更深入的学习体验。例如，他们可以通过网络搜索找到与课程相关的额外资料，观看在线教学视频，参与在线讨论，甚至与全球各地的其他学生合作学习。这些活动不仅扩展了他们的知识面，也培养了他们的自主学习能力和合作能力。

另外，线上课程的兴起也为学生提供了更加灵活的学习机会。传统的课堂教学需要学生按照固定的时间和地点上课，这对有其他学习或生活安排的学生来说可能并不方便。而通过在线课程，学生可以根据自己的时间和节奏进行学习，可以在学校、在家里，甚至在旅途中都能够参与课程学习，这为他们提供了更大的灵活性和自主性。此外，许多在线课程还提供了丰富的学习资源和互动活动，如在线测验、论坛讨论、实时答疑等，这些都有助于增强学生的学习动力和参与度。

除了在线课程，互动软件和教育应用程序也在教学中发挥着重要作用。这些应用程序往往结合了游戏化的元素和个性化的学习内容，能够激发学生的学习兴趣和积极性。例如，有些应用程序通过设立学习目标、奖励机制和排行榜等方式，鼓励学生持续学习并取得进步。同时，这些应用程序还可以根据学生的学习情况和需求，提供个性化的学习建议和反馈，帮助他们更好地理解和掌握知识。此外，一些互动软件还可以模拟实际情境，让学生在虚拟环境中进行练习和实践，从而更好地应用所学知识。

技术在教学中的应用为学生提供了更多元化、更灵活的学习机会，这有助于他们更高效地学习，从而减少学业压力。数字工具和在线学习平台扩展了学生的学习空间和学习资源，线上课程提供了更灵活的学习时间和方式，而互动软件和教育应用程序则激发了学生的学习兴趣和积极性。然而，我们也应该意识到技术并非万能的，它只是教学的辅助手段，教师仍然扮演着至关重要的角色。因此，在应用技术的过程中，我们需要平衡技术和人文的结合，注重教育本身的价值和目的，使技术真正成为教育的有益工具，而不是取代教育的主体。

四、合作学习的推广

合作学习在当今教育领域中备受关注，因其被认为是一种能够减轻学生学业压力、促进学习效果的有效方式。这种模式不仅仅是简单地将学生分成小组，而是鼓励他们通过小组讨论、项目协作等方式，在团队中相互学习、相互支持，从而达到共同学习的目的。

在小组合作学习中，学生有机会与同学共同探讨学习内容，分享彼此的理解和见解。通过这种互动，他们可以从不同的角度去理解和解决问题，拓展自己的思维。比起传统的单人学习模式，这种集体思考的方式往往能够激发更多的灵感和创意，使学习过程更加丰富多彩。此外，合作学习还能够促进学生间的互助和知识共享。在小组中，每个成员都有自己的优势和弱点，通过互相配合和帮助，他们可以共同克服困难，提升学习效果。例如，某个学生可能擅长数学，而另一个学生则擅长语言，他们可以相互交流，互相教导，共同进步。这种合作氛围不仅有助于增强学生间的团队意识和凝聚力，还能够培养他们的合作能力和社交技巧，为他们未来的工作和生活打下坚实的基础。

除了在课堂上推广合作学习模式，学校还可以通过课外活动和社团组织等方式进一步促进学生间的合作与交流。比如，组织学生参加科技竞赛、社区服务等活动，让他们有机会在实践中学习合作与团队精神。此外，学校还可以建立起多种形式的合作学习平台，让学生交流和分享，鼓励他们通过互助合作来提升自己的学习能力。

然而，要想真正推广合作学习模式，还需要学校和教师的积极支持和配合。教师可以通过设计合适的教学活动和任务，引导学生积极参与合作学习，培养他们的团队合作意识和技能。同时，学校可以提供必要的资源和支持，为

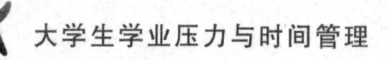

教师提供相关的培训和指导，帮助他们更好地组织和管理合作学习活动。

合作学习模式对减轻学生学业压力、促进学习效果具有重要意义。通过小组讨论、项目协作等方式，学生可以在集体中相互学习、相互支持，实现共同进步。然而，要想真正推广这种模式，需要学校和教师的共同努力和支持，才能使其发挥出最大的效益，为学生的全面发展提供更好的保障。

第二节 混合学习模式的优势

一、灵活性和便利性

混合学习模式作为一种教育创新，融合了线上和线下学习的优势，为学生提供了更加灵活和便利的学习方式，这种模式的出现不仅改变了传统教学的模式，也对学习者的学习体验和学习效果带来了深远的影响。

混合学习模式的灵活性在学习时间的安排上体现得尤为明显。相比于传统的课堂教学，混合学习模式允许学生根据自己的时间表和学习节奏来安排学习活动。这意味着学生可以在白天或晚上、工作日或周末自由选择合适的学习时间，无须受到固定课程时间的限制。这种自主安排学习时间的方式有助于学生更好地掌握自己的学习进度，避免了时间冲突导致错过课程的情况发生。同时，学生还可以根据自己的学习状态和精力状况合理安排学习时间，提高学习效率和学习成果。

混合学习模式的灵活性还体现在学习地点的选择上。传统的课堂教学通常要求学生到指定的地点上课，而混合学习模式则打破了这种限制。学生可以在任何有网络连接的地方进行在线学习，无论是在家中、咖啡厅还是图书馆，都可以轻松地获取课程内容。这种灵活的学习方式不仅节省了学生的交通时间，也使得学习变得更加轻松和舒适。此外，学生还可以根据自己的喜好和习惯选择适合自己的学习环境，这样有利于提高学习的专注度和效果。

除了灵活性和便利性，混合学习模式还为学生提供了更多个性化的学习机会。在线学习平台通常会根据学生的学习需求和水平提供个性化的学习资源和教学内容，比如，定制化的课程内容、个性化的学习计划等。这使得每个学生都能够根据自己的学习特点和需求进行学习，提高学习效率和学习成果。同时，学生还可以通过在线学习平台与老师和同学进行实时互动和交流，分享学习经验、解决问题，促进学习效果的提升。这种个性化的学习方式有助于激发学生的学习兴趣和动力，培养他们的自主学习能力和解决问题的能力。

另外，混合学习模式还为学生提供了更多样化的学习资源和教学工具。在线学习平台通常会整合各种学习资源，包括文字、图片、视频、音频等形式，丰富了学习内容的呈现方式，满足了不同学习者的学习需求。学生可以根据自己的学习习惯和喜好选择适合自己的学习资源和教学工具，提高学习的兴趣和效果。同时，混合学习模式还为学生提供了更多学习的途径和方式，比如，在线讨论、小组合作、实践任务等，丰富了学习的形式，提高了学习的趣味性，同时，也更具实用性。

混合学习模式以其灵活性、便利性、个性化和多样化的特点，为学生提供了更加丰富和有效的学习体验。通过合理安排学习时间和地点，个性化学习资源和教学内容，以及多样化的学习方式和工具，混合学习模式有助于提高学生的学习效率和学习成果，培养学生的自主学习能力和解决问题的能力，为其未来的学习和发展打下坚实的基础。因此，混合学习模式在未来的教育中有着广阔的应用前景，将成为教育改革的重要方向之一。

二、增强学生参与度

增强学生参与度是教育中的一项重要任务，特别是在当今多样化的学习环境中。通过在线交互和面对面的课堂活动，混合学习模式被广泛认为是一种有效的方法来实现这一目标。混合学习将传统的面授教学与在线学习相结合，为学生提供了更灵活、更丰富的学习体验。在这种模式下，学生不仅可以在课堂上与老师和同学进行实时互动，还可以通过在线平台进行自主学习和讨论。

多元化的学习方式为学生提供了更多选择和机会，能够满足不同学习风格和需求的学生。在面对面的课堂活动中，老师可以通过各种教学方法和教学资源来激发学生的兴趣，例如，实地考察、小组讨论、角色扮演等。这些活动不仅能够增强学生的参与度，还能够促进他们的合作能力和创造力。与此同时，通过在线平台，学生可以在自己的节奏下学习课程内容，通过观看视频、阅读文献、参与讨论等方式来加深对知识的理解和掌握。

混合学习模式的另一个优势在于它能够更好地利用科技手段来增强学习效果。在在线交互的环境下，老师可以利用各种多媒体资源来呈现课程内容，例如，动画、演示文稿、实验视频等，从而使抽象的概念更具体、更易于理解。此外，通过在线平台，老师还可以根据学生的学习进度和表现进行个性化的指导和反馈，帮助他们更好地掌握知识和技能。

除了提高学生的参与度和学习效果，混合学习模式还能够培养学生的自主学习能力和信息素养。在这种模式下，学生需要更多地依靠自己的能力来获取和整合信息，培养自主思考和解决问题的能力。通过参与在线讨论和合作项目，学生还能够提高他们的沟通能力和团队合作精神，为未来的学习和工作打下坚实的基础。

通过在线交互和面对面的课堂活动，混合学习模式能够更好地吸引学生参与，激发他们的学习兴趣和动力。这种多元化的学习方式不仅能够提高学生的学习效果，还能够培养他们的自主学习能力和信息素养，为他们未来的发展奠定坚实的基础。因此，教育工作者应该积极探索和应用混合学习模式，不断改进教学方法，为学生提供更优质和个性化的学习体验。

三、提升学习效率

提升学习效率是当今教育领域中备受关注的一个议题。在追求更高的学习效果和更快的知识获取速度方面，混合学习被认为是一种非常有效的方法。混合学习融合了传统的面对面教学与现代技术手段，例如，在线教育资源和交互式工具，以达到提高学习效率的目的。

混合学习通过在线教育资源为学生提供了便利和灵活性。传统的课堂教学往往受到时间和空间的限制，而通过在线教育资源，学生可以随时随地获取所需的学习材料和课程内容。无论是课程视频、电子书籍还是在线讲座，都可以随时通过互联网获取，这使得学习不再受制于时间和地点的限制。学生可以根据自己的学习节奏和时间安排，自主选择学习的内容和进度，从而更好地适应个体差异和学习需求。

混合学习通过交互式工具促进了学生的积极参与和自主学习。传统的课堂教学往往是教师主导的单向传授，学生的参与度和积极性有限。而通过交互式工具，例如，在线测验、虚拟实验和讨论平台，学生可以更加活跃地参与到学习过程中来。他们可以通过自我测验来检验自己的学习效果，及时发现和弥补知识上的不足；他们可以通过参与在线讨论来与同学和教师进行互动交流，分享思考和解决问题的经验。这种积极的学习参与和互动，有助于激发学生的学习兴趣和动力，提高他们的学习效率和效果。

另外，混合学习还通过个性化学习的方式，帮助学生更有效地掌握知识。传统的课堂教学往往采取一种"一刀切"的教学模式，这种模式无法满足不同学生的学习需求和学习进度。而通过在线教育资源和个性化学习软件，可以根据学生的学习水平和学习习惯，为他们量身定制学习计划和教学内容。一些智能化的学习系统可以根据学生的学习表现和反馈，动态调整教学内容和难度，提供个性化的学习建议和辅导。这种个性化学习的方式，可以更好地满足学生的学习需求，激发他们的学习兴趣，提高他们的学习效率和学习成绩。

混合学习利用技术手段，如在线教育资源和交互式工具，提高学习的效率。通过提供便利灵活的学习方式，促进学生的积极参与和自主学习，以及个性化定制的学习服务，混合学习为学生提供了更加丰富多样和有效率的学习体验。随着科技的不断发展和教育理念的不断创新，混合学习势必会在未来的教育领域发挥越来越重要的作用，为教育教学带来更大的进步和改变。

四、促进个性化学习

促进个性化学习是当今教育领域中备受关注的一个重要议题。混合学习，作为一种创新的教学模式，正逐渐受到广泛认可。它为学生提供了更多的选择自由，使他们能够根据自己的需求和兴趣来定制学习路径。这一方法的核心理念在于不同学生拥有不同的学习风格和能力水平，因此应该采取差异化的教学方式来满足他们的需求。

个性化学习的优势在于它能够充分激发学生的学习动力和积极性。当学生有机会选择符合自己兴趣和学习风格的学习材料和活动时，他们会更加投入学习过程，更加愿意主动探索和学习。相比之下，传统的一刀切教学模式可能会导致学生产生倦怠的学习情绪，甚至失去学习兴趣。因此，个性化学习为教育注入了新的活力和生机。

此外，个性化学习还有助于提升学习效果。通过针对性地选择学习材料和活动，学生可以更好地理解和掌握知识，从而取得更好的学习成绩。因为他们所学的内容与自己的兴趣和实际需求相契合，学习过程变得更加具有意义和价值。与此同时，个性化学习还能够帮助学生发现和发展自己的潜能，培养他们的创造力和创新思维。

然而，要实现有效的个性化学习并不是一件易事。首先，教师需要充分了解每个学生的学习需求和能力水平，这需要耗费大量的时间和精力。其次，教师需要具备灵活的教学策略和方法，能够根据学生的特点进行个性化的教学设计和指导。此外，教育资源的不平衡也可能成为个性化学习的障碍，一些学校或地区可能无法提供丰富多样的学习资源，导致个性化学习无法得到有效实施。

因此，为了促进个性化学习的发展，需要全社会的共同努力。教育部门应该加大对个性化学习的政策支持和投入力度，给教师提供更多的培训和支持，使他们具备更好地实施个性化教学的能力。学校和教育机构也应该积极探索个性化学习的实践路径，不断创新教学模式和方法，为学生提供更加丰富多样的学习体验。同时，家长和社会各界也应该关注和支持个性化学习的发展，共同营造一个促进学生全面发展的教育环境。

个性化学习作为一种新型的教学模式，具有重要的意义和价值。它能够激发学生的学习兴趣和积极性，提高学习效果，促进学生全面发展。然而，要实现有效的个性化学习，需要教育部门、学校、教师、家长和社会各界的共同努力和支持。相信在全社会的共同努力下，个性化学习一定能够取得更大的发展和进步，为教育事业的发展注入新的活力和动力。

第三节　项目式学习与学生主导学习

一、项目式学习的定义与特点

项目式学习（Project-Based Learning，简称 PBL）是一种以学生为中心的教学方法，其核心理念在于通过在真实世界的情境中解决复杂问题来促进学习。在项目式学习中，学生不再是被动地灌输知识，而是被激发主动参与，探索发现知识的乐趣与实用性。这种教学方法注重学生的主动性与合作性，通过让学生从头到尾参与整个项目的过程，培养其批判性思维、解决问题的能力以及团队合作技能。

在项目式学习中，学生通常会以小组形式展开合作，共同完成一个项目。这个项目可能是一个实际问题的解决方案、一个产品的设计与制作、一个研究性报告的撰写，或者是一次社区服务活动。不同的项目能够激发学生的兴趣，让他们在解决问题的过程中掌握知识与技能。与传统的课堂教学相比，项目式学习更加注重跨学科的整合与应用。在解决一个具体的问题时，学生可能需要运用到来自不同学科领域的知识，这样的综合性学习有助于加深对知识的理解与记忆，并且能够更好地应对现实生活中的复杂情境。

项目式学习的一个重要特点是强调学习的目标与评价标准。在开始一个项目之前，教师要与学生一同确定项目的学习目标，并且明确评价学生的标准。这些标准通常涵盖了知识掌握、问题解决能力、沟通与表达能力等多方面。学生在整个项目的过程中会根据这些目标和标准来自我评价与调整，从而更好地完成项目并提升自身的能力。

项目式学习也注重学生的反思与反馈。在项目结束后，学生会对自己的表现进行反思，思考自己在项目中取得的成绩与遇到的困难，以及如何提高自己。同时，教师也会针对学生的表现给予及时反馈，指导他们在下一个项目中做得更好。这种反思与反馈的过程有助于学生不断地提高自己的学习能力与综合素质。

项目式学习是一种富有活力和实践意义的教学方法。它通过让学生在真实情境中解决问题来促进学习，培养学生的批判性思维、团队合作和解决问题的能力。在这个过程中，学生不仅能够掌握知识，还能够培养自主学习的能力和终身学习的意识，为他们未来的学习和职业发展打下坚实的基础。

二、学生主导学习的概念

学生主导学习是一种教育理念，强调学生在学习过程中拥有更大的自主权和控制权。在这种学习方式下，学生不再被动地接受教师的指示，而是成为学习的主体，能够自主地选择学习的内容、方式和进度。这种教学模式的核心理念是将学生置于学习的中心地位，认为他们是能够积极参与学习过程并从中获益的主要角色。

学生主导学习的定义可以追溯到建构主义和社会文化理论，这些理论认为学习是一个主动的、建构性的过程，个体通过与环境的互动来构建知识和理解。在学生主导学习中，教师不再是传统意义上的知识传授者，而是扮演着引导者和支持者的角色。他们的任务是，激发学生的学习兴趣，提供资源和指导，帮助他们探索和发现知识。

学生主导学习的核心是个性化和有意义的学习体验。每个学生都有自己的学习风格、兴趣和能力，因此他们需要有机会根据自己的需求和目标来定制学习路径。这种个性化的学习过程使学生更加投入，更有动力去探索和学习。同时，学生主导学习也强调学习的意义性。学生不仅仅是为了应付考试或者完成任务而学习，而是真正理解和应用所学知识，将其与现实生活联系起来。

在学生主导学习的框架下，学生被赋予了更多的责任和自由。他们需要学会管理自己的学习，制订学习目标和计划，并且在学习过程中不断反思和调整。这种自我管理的能力是学生主导学习的重要目标之一，也是学生在未来生活和职业中所必需的能力之一。

学生主导学习的实践方式多种多样。在传统课堂中，教师可以通过启发式教学、项目学习和合作学习等方式来促进学生的主动参与和学习。而在现代教育技术的支持下，学生主导学习可以通过在线学习平台、个性化学习应用和虚拟实验室等方式来实现。这些技术工具为学生提供了更多的学习资源和交流平台，使他们能够更加灵活地组织学习活动，并与教师和同学进行更多的互动和合作。然而，要实现有效的学生主导学习并不容易。首先，教师需要转变角色，从传统的教学者转变为学习的引导者和支持者，这需要他们具备丰富的教学经验和教育理论知识。其次，学生本身也需要具备一定的学习能力和自我管理能力，才能够有效地参与学生主导学习。此外，学校和家庭也需要提供支持和资源，为学生主导学习创造良好的环境和条件。

学生主导学习是一种强调学生自主性和个性化的教育模式，旨在激发学生的学习兴趣和动力，培养他们的学习能力和自我管理能力。虽然实践中存在一些挑战和障碍，但通过教师、学生和社会的共同努力，学生主导学习将会成为未来教育的重要发展方向，为培养具有创造力和批判性思维能力的人才做出贡献。

三、项目式学习的设计原则

项目式学习的设计原则是确保学生能够在学习过程中获得最大的益处和成长，而不仅仅是简单地传授知识。设置具有挑战性的问题或任务是至关重要的。这样的问题或任务应该能够激发学生的思考，引发他们的兴趣，并激发他们的求知欲。挑战性的问题或任务可能涉及跨学科的内容，需要学生综合运用各种知识和技能来解决。通过面对这样的挑战，学生不仅可以在知识上有所收获，还可以培养解决问题的能力、团队合作能力和创新能力。

鼓励学生主动探究是项目式学习的另一个重要原则。学生应该成为学习的主体，而不是被动接受知识的对象。教师的角色应该是引导者和指导者，而不是简单地向学生灌输信息。为了鼓励学生主动探究，教师可以采用启发式的教学方法，通过提出开放性的问题，激发学生的好奇心和探索欲望。同时，教师还可以为学生提供一定的自主选择权，让他们根据自己的兴趣和能力选择学习的内容和方式。这样可以激发学生的学习动力，提高他们的学习效果。

提供实际操作的机会也是项目式学习的重要原则之一。理论知识的学习往往只是项目式学习的第一步，真正的理解和掌握往往需要通过实际操作来实现的。例如，学生可以通过实地考察、实验研究、实践操作等方式，将所学知识应用到实际情境中,加深对知识的理解,并培养实践能力和解决实际问题的能力。通过实际操作,学生不仅可以将理论知识转化为实践能力,其自身的观察、分析和判断的能力也会得到培养,他们的实际应用能力也会得到提高。

最后,进行反思和评估是项目式学习的关键环节。学生在完成项目后应该有机会对自己的学习过程进行反思,总结经验教训,并评估自己的学习成果。通过反思和评估,学生可以发现自己的不足之处,并为以后的学习提供指导。同时,教师也可以通过评估学生的表现来了解他们的学习情况,及时调整教学策略,以更好地满足学生的学习需求。在进行评估时,教师可以采用多种评价方式,包括笔试、口头答辩、实际操作等,以全面了解学生的学习情况。

成功实施项目式学习的关键原则包括设置具有挑战性的问题或任务、鼓励学生主动探究、提供实际操作的机会,以及进行反思和评估。这些原则可以帮助学生更好地理解和掌握所学内容,培养批判性思维和解决问题的能力,提高学生的学习兴趣和动力,促进他们的全面发展。通过项目式学习,学生不仅可以获得知识,还可以培养各种能力,为未来的学习和工作打下坚实的基础。

四、项目式学习与学业压力的关系

项目式学习在当今教育领域备受关注,因其能够提供更加贴近实际、更具体的学习体验而备受推崇。与传统的课堂教学和考试为主的学习方式相比,项目式学习强调学生在解决真实问题的过程中获得知识和技能。这种学习方法对于降低学生的学业压力具有显著作用。

项目式学习通过提供更多实践机会,使学生能够在真实的情境中应用所学知识。相较于仅仅通过课堂讲解和书本阅读来学习知识,项目式学习让学生亲身参与到解决问题的过程中,从中获取经验和技能。这种实践性的学习方式有助于学生更加深入地理解所学内容,同时也增强了他们对知识的信心。在传统的学习方式中,学生可能会因为理论与实践之间的脱节而感到困惑和焦虑,而项目式学习则能够消除这种脱节,使学生更加自信地应对学习中的挑战。

项目式学习减少了对传统考试的依赖,从而缓解了学生的考试压力。在传统教学中,学生的学业表现往往通过考试成绩来评价,这会导致他们在备考期间产生巨大的压力。而项目式学习则强调学生在实际项目中的表现，而非仅仅依靠单一的考试成绩。这种评价方式更加全面和客观，能够更好地反映学生的实际能力和潜力。与此同时，项目式学习也为学生提供了更多展示自己才华和能力的机会，让他们在学习过程中感受到成就感和满足感，从而减轻了他们的学业压力。

另外，项目式学习还培养了学生在解决实际问题时所需的自信和应对压力的能力。在项目式学习中，学生往往需要与同学合作、独立思考，并在有限的时间内完成任务。这种学习方式要求学生具备较强的沟通能力、团队合作能力以及解决问题的能力，这些都是他们在未来生活和工作中所必需的素质。通过不断地面对挑战和克服困难，学生逐渐建立起对自己能力的信心，并学会有效地应对压力和挑战。这种积极的学习体验不仅有助于提高学生的学业成绩，更重要的是，培养了他们面对未来各种挑战时的心理素质和应对能力。

项目式学习通过提供更多实践机会和减少对传统考试的依赖，有效地降低了学生的学业压力。同时，这种学习方法也培养了学生在解决实际问题时所需的自信和应对压力的能力，为他们未来的发展打下了良好的基础。因此，教育者应该积极推广和应用项目式学习，以促进学生全面发展和健康成长。

第四节　心理健康教育的融入

一、心理健康教育的必要性

心理健康教育对大学生至关重要。大学阶段充满挑战和压力，学业、人际关系、未来规划等方面的压力常常会对学生的心理健康造成负面影响。因此，通过心理健康教育，可以帮助学生识别、理解和应对这些压力，从而更好地应对挑战、保持心理健康。

心理健康教育可以帮助学生识别心理健康问题的早期迹象。许多心理健康问题在初始阶段并不明显，但随着时间的推移可能会逐渐加重。通过心理健康教育，学生可以学会识别焦虑、抑郁、压力等心理健康问题的一些常见症状，例如，失眠、食欲改变、社交退缩等。通过及早发现这些问题，学生可以更早地寻求帮助，避免问题恶化。

心理健康教育可以帮助学生理解心理健康问题对他们学习和日常生活的潜在影响。心理健康问题不仅会影响学生的心理状态，还可能对他们的学习能力、注意力、记忆力等认知功能产生负面影响。例如，焦虑可能会导致学生难以集中注意力，抑郁可能使他们对学习失去兴趣，从而影响学业成绩。此外，心理健康问题还可能影响学生的日常生活，如影响他们与他人的交往、影响他们的生活习惯和情绪调节能力等。通过了解这些潜在影响，学生可以更好地认识到心理健康问题的重要性，更积极地面对和处理这些问题。

因此，心理健康教育在大学生群体中的作用不可低估。通过提供相关知识和技能，帮助学生识别、理解和应对心理健康问题，有助于提高学生的心理健康水平，促进他们更好地适应大学生活，实现个人成长和发展。同时，心理健康教育也有助于营造一个关心和支持心理健康的校园氛围，为学生提供更好的学习和成长环境。因此，学校应该加强对心理健康教育的重视，将其纳入教育教学中的各个环节，以帮助学生更好地应对心理健康问题，实现全面发展。

二、融入课程设计

将心理健康教育融入现有课程是一项重要而具有挑战性的任务，因为它需要教师设计出富有启发性和实践性的课程内容，以满足学生的学习需求，同时又要确保在教学过程中能够有效地传递心理健康知识和技能。

融入心理健康教育的课程设计应该充分考虑到学生的年龄、发展阶段和学科特点。不同年龄段的学生对于心理健康问题的认知程度和接受能力有所不同，因此教师需要根据学生的实际情况进行有针对性的设计。比如，在小学阶段，可以通过故事、游戏和角色扮演等形式向学生传递简单的情绪管理技巧和人际交往技巧；而在中学阶段，则可以引入更深入的心理健康知识，比如，压力管理、自我认知和情绪调节等方面的内容。

融入心理健康教育的课程内容应该具有启发性和实践性。在设计课程内容时，教师可以采用案例研究、问题解决、角色扮演、小组讨论等形式，让学生参与其中，通过实际操作和互动交流来加深对心理健康知识的理解和掌握。比如，在进行案例研究时，可以选择一些真实的心理健康问题作为案例，让学生分析并提出解决方案，从而培养其问题解决和应对能力；在进行角色扮演时，可以让学生扮演不同的角色，体验不同情境下的情绪和行为，从而增强其情绪管理和人际交往能力。

另外，教师还可以通过课外活动和资源来扩展心理健康教育的内容。比如，可以组织学生参加心理健康知识竞赛、心理健康主题演讲比赛等活动，让学生在实践中学习和应用所学的知识和技能；同时，还可以邀请心理健康专家或者心理咨询师来学校开展讲座或者带领学生到工作坊参观，向他们介绍最新的心理健康知识和技能，提供相关的咨询和支持服务，帮助学生更好地应对心理健康问题。

融入心理健康教育的课程设计需要教师有创新意识和实践能力，要结合学生的实际情况和学科特点，设计出具有启发性和实践性的课程内容，同时还要通过课外活动和资源来拓展教学内容，为学生提供更加丰富和全面的心理健康教育服务。只有这样，才能真正实现心理健康教育的目标，促进学生全面发展和健康成长。

三、培训师资与教育工作者

教师和教育工作者的心理健康培训是当代教育领域中备受关注的议题。这种培训的重要性在于，它不仅有助于提升教师的专业能力，更为重要的是，它能够深刻影响教师与学生之间的关系，是提升教学质量和学生的学习体验重要因素。

心理健康培训使教师能够更好地理解学生的心理需求。在传统教育模式中，往往忽视了学生的心理状态对学习的影响。然而，现代心理学研究表明，学生的情绪状态、心理健康状况直接影响着他们的学习效果和学习态度。通过接受心理健康培训，教师能够学习到更多关于心理学的知识，了解学生可能面临的各种心理问题，从而更加敏感地捕捉到学生的心理需求。这有助于教师更全面地关注每个学生的个体差异，有针对性地设计教学方案，从而更好地促进学生的全面发展。

心理健康培训能够帮助教师提供适当的支持和指导。教育工作者在日常工作中往往会面临各种各样的挑战，比如，学生的学习困难、行为问题、家庭背景等。这些问题可能会给教师带来不小的心理压力，甚至影响到他们的工作效率和工作质量。通过接受心理健康培训，教师可以学习到有效的心理调适策略，学会如何应对各种挑战和困难，从而更好地保持自己的心理健康状态。此外，心理健康培训还可以帮助教师学会如何与学生建立良好的情感联系，给予他们情感上的支持和鼓励，从而激发他们学习的兴趣和积极性。

心理健康培训还能够促进教师的职业发展和成长。作为一名教育工作者，不仅需要具备扎实的专业知识和教学技能，更需要具备良好的心理素质和情感能力。只有通过不断地学习和培训，不断地提升自己的心理健康水平，教师才能够在教育领域中取得更好的成绩，实现自己的职业发展目标。因此，心理健康培训不仅是一种提高教师专业水平的手段，更是一种促进教师个人成长的重要途径。

综上所述，教师和教育工作者的心理健康培训具有重要的意义和价值。它不仅有助于提升教师的专业能力，更重要的是，它能够深刻影响教师与学生之间的关系，促进教育事业的健康发展。因此，我们应该高度重视教师和教育工作者的心理健康培训，为他们提供更多的支持和关怀，共同推动教育事业的发展。

四、校园心理健康服务

校园心理健康服务在当代教育体系中扮演着至关重要的角色。随着社会的不断进步和生活节奏的加快，学生面临着越来越多的压力和心理健康问题。因此，学校提供心理健康服务已经成为保障学生全面发展的必备举措之一。

学校的心理健康服务通常是心理咨询中心。这是一个学生可以安全、私密地与专业心理咨询师交流的地方。无论是面对学业压力、人际关系问题还是情绪困扰，学生都可以在这里找到倾诉和指导。咨询中心的专业人士会通过倾听、分析和引导，帮助学生解决问题，找到适合自己的应对方式，从而提升他们的心理健康水平。

热线电话也是校园心理健康服务的重要组成部分。学生可以通过拨打这一电话号码，随时随地寻求心理援助。这种随时可及的服务形式对那些遇到突发情绪困扰或需要紧急帮助的学生来说尤为重要。电话上的专业心理咨询师能够及时给予学生建议和支持，缓解他们的紧张和焦虑情绪，使他们能够及时得到心理疏导和帮助。

此外，学校还会定期举办各种形式的工作坊和研讨会，为学生提供心理健康教育和技能培训。这些活动通常是涵盖了情绪管理、压力释放、人际沟通等方面的内容，旨在帮助学生增强心理韧性和适应能力，更好地面对生活中的挑战和困扰。通过参加这些活动，学生不仅可以学习到实用的心理健康知识和技能，还可以在与同学、老师的互动中获得情感支持和共鸣，从而感受到校园大家庭的温暖和关怀。

校园心理健康服务的目标是为学生提供全方位、多层次的心理支持和帮助，帮助他们解决各种心理健康问题，提升心理素质，实现自我成长和发展。这些服务的存在和开展不仅有助于学生个体的健康成长，也为整个学校营造了一个积极向上、和谐稳定的学习和生活环境。因此，学校应该不断加强对心理健康服务的投入和支持，完善服务体系，促进学生身心健康的全面发展。

第十章 总结与实践建议

在本章，我们将深入探讨学业压力与时间管理的关系，并分析它们对学生生活的影响。通过一系列综合分析，我们将揭示如何有效应对学业压力，并展示时间管理技巧的重要性。此外，本章还将探讨在实际操作中遇到的各种挑战，以及应对这些挑战的策略。我们不仅关注理论，还将提出切实可行的建议，帮助读者制订个人发展计划，以促进其学术和职业生涯的发展。最后，本章还将提供关于如何建立有效的资源和支持系统的建议，以帮助读者更好地应对学业和生活中的挑战。

第一节 学业压力与时间管理的综合分析

一、时间管理的基本理念

时间管理是指有效地规划、安排和利用时间资源以完成特定任务或达成目标的过程。在当今快节奏的社会中，时间管理对学生来说尤为重要。它不仅关乎如何合理地分配每一分钟，更关乎如何在有限的时间内完成更多的事情。时间管理涉及很多方面，包括但不限于任务的安排、优先级的确定以及任务执行的效率。

时间管理涉及任务的安排。这意味着学生需要清楚地了解自己需要完成的任务，并将它们合理地安排在时间轴上。这需要一定的计划能力和组织能力。学生应该学会制订长期和短期的学习计划，将学习任务分解成更小的部分，并为每个任务设定截止日期。通过这种方式，他们可以更好地掌控自己的学习进度，避免任务拖延和临时抱佛脚的情况发生。

时间管理也涉及优先级的确定。学生常常面临着多个任务同时进行的情况，因此需要学会区分任务的重要性和紧急程度。这就需要他们具备一定的分析能力和判断能力。学生可以将任务分为紧急重要、紧急不重要、不紧急重要和不紧急不重要四个等级，然后根据任务的性质和截止日期来确定优先级。这样一来，他们就可以更有针对性地安排时间，先处理对学业影响最大的任务，以确保学习的高效进行。

时间管理还包括任务执行的效率。这涉及学生如何有效地利用他们安排好的时间来完成任务。为了提高任务执行的效率，学生可以采取一些可行而有效的学习方法和技巧，比如，制订详细的学习计划、避免分心、保持专注力、合理安排休息时间等。此外，学生还可以利用一些辅助工具来提高效率，比如，番茄工作法、时间管理应用程序等。这些方法和工具可以帮助学生更好地控制学习节奏，提高学习效率，从而更好地应对学业压力和挑战。

时间管理是学生在有效处理学业任务中必须具备的重要能力。它不仅仅关乎如何分配时间，更关乎如何合理安排任务、确定优先级以及提高任务执行效率。只有掌握了良好的时间管理技巧，学生才能在有限的时间内完成更多的任务，取得更好的学习成绩，实现自己的学业目标。

二、学业压力与时间管理的关系

学业压力与时间管理之间的关系是当代学生面临的重要议题之一。随着社会的发展和竞争的日益激烈，学生在学习、考试、社交和兴趣爱好之间承受着巨大的压力。这种压力往往源于对成绩、未来前景和自我价值的焦虑，同时也受到时间分配不当的影响。在这种情况下，时间管理成为缓解学业压力的重要手段之一。

值得注意的是学业压力对时间管理的影响。学生可能会因为学习任务的繁重而感到"压力山大"，导致他们难以有效地管理自己的时间。他们可能会陷入拖延、焦虑和效率低下的恶性循环，无法合理地分配时间来完成任务。在这种情况下，学生可能会感到时间不够用，导致更大的焦虑和压力。然而，时间管理也可以影响学业压力的程度。一个良好的时间管理系统可以帮助学生有效地规划和分配时间，使他们能够更好地应对学习任务和其他活动。通过设定明确的学习目标、制订合理的计划和优先级，学生可以更加高效地利用时间，从而减轻学业压力。此外，良好的时间管理还可以为学生提供更多的自由时间，用于放松、娱乐和社交，有助于缓解学习压力带来的紧张情绪。

因此，学生需要意识到学业压力和时间管理之间的相互关系，并采取积极的措施来改善他们的时间管理技能，从而减轻学业压力。这包括培养良好的学习习惯，如定期复习、及时完成作业和避免拖延，以及学会有效地规划和组织时间。同时，学生也可以寻求外部支持和资源，如参加时间管理培训、寻求指导或使用时间管理工具，以帮助他们更好地管理自己的时间。

然而，要注意的是，改善时间管理并不是一蹴而就的过程，需要持续地努力和实践。学生可能会面临挑战和困难，但只要他们保持耐心和毅力，并坚持不懈地努力，就能够逐渐提高他们的时间管理能力，减轻学业压力，实现更好的学习和生活之间的平衡。

学业压力和时间管理之间存在着密切关系。学生应该意识到这种关系，并采取积极的措施来改善他们的时间管理技能，从而减轻学业压力，提高学习效率和生活质量。虽然这需要持续的努力和实践，但通过坚持不懈的努力，学生最终能够取得成功，从而实现自己的学业和生活目标。

三、时间管理不足对学业压力的影响

时间管理不足对学业压力的影响是一个普遍存在且深刻的问题，其影响远远超出了我们通常所意识到的范畴。拖延症是指个体倾向于推迟完成任务或决定，而不是立即采取行动。这可能是由于任务看起来太庞大或太复杂，导致个体感到无法应对，因此选择逃避。然而，这种逃避行为只会使问题更加严重，因为随着截止日期的临近，压力会不断增加，最终可能导致焦虑和恐慌，从而影响到学业表现。此外，拖延症还可能导致时间分配不均，因为个体可能会在最后一刻匆忙完成任务，而忽视了给其他重要任务足够的时间，进而造成时间分配上的不均衡。

时间管理不足还会导致过载感。过载感是指个体感到任务和责任压力过重，超出了他们的应对能力。这种感觉常常由任务数量庞大、时间有限以及**缺**

乏有效的时间管理技巧所导致。当感到时间不够用时，学生可能会试图通过加班或牺牲休息时间来应对，然而这种做法往往只会加剧压力感，因为缺乏充足的休息和放松时间会影响到大脑的运转和学习效率。因此，过载感不仅会影响到学生的心理健康，还会直接影响到他们的学业表现和成绩。

此外，时间管理不当还可能导致时间分配不均，这是另一个影响学业压力的重要因素。在时间分配不均的情况下，学生可能会将大部分时间花费在某些任务上，而忽视了其他同样重要的任务。这种不均衡可能会导致一些任务无法及时完成，而另一些任务则过度投入，最终影响到整体的学业表现。此外，时间分配不均还可能导致学生在一些重要任务上投入不足，从而影响到学习的深度和质量，最终影响到他们的学业成绩和发展。

时间管理不足对学业压力的影响是多方面的，包括拖延症、过载感和时间分配不均等问题。这些问题不仅会影响到学生的学业表现和成绩，还会对他们的心理健康产生负面影响。因此，学生应该重视并努力改善自己的时间管理能力，采取有效的方法来应对这些问题，从而更好地应对学业压力，并取得更好的学习成果。

四、有效时间管理策略的应用

在学生的学习生涯中，时间管理不仅是一项技能，更是一种生活态度。有效的时间管理策略能够极大地帮助学生提高学习效率，减轻学业压力，从而更好地平衡学习与生活。本文将进一步探讨时间管理的具体策略，包括设定实际目标、制订详细计划和使用时间管理工具，并探讨这些策略如何帮助学生更好地管理他们的时间，提高学习成果。

设定实际目标是一个至关重要的步骤。对学生来说，设定实际目标意味着明确自己想要达到的成就，并为之努力。这些目标应该是具体的、可衡量的，并且能够在一定时间内完成。在学术方面，这可能包括完成作业、准时参加课堂、取得一定的成绩等。而在个人成长方面，这可能涉及发展技能、参与社区活动、保持健康的生活方式等。通过设定这些实际目标，学生能够明确自己的方向，激发学习动力，并为自己未来的发展打下坚实的基础。

制订详细计划是实现目标的关键。学生一旦设定了实际目标，就应该制订具体的计划来实现这些目标。这包括将目标分解为更小的任务，并为每个任务设定截止日期。例如，如果一个学生的目标是在期末考试之前复习完所有的课程内容，他们可以制订一个每周复习一到两个章节的计划，并在每周末检查他们是否按计划完成了任务。通过制订详细的计划，学生可以更好地掌控自己的学习进度，避免在学期末出现临时抱佛脚的情况。

此外，使用时间管理工具也是提高时间管理效率的有效途径。随着科技的不断发展，学生可以利用各种时间管理工具来帮助他们更好地组织和管理自己的时间。比如，时间管理应用程序可以帮助学生记录和跟踪他们的任务和约会，并提醒他们即将到来的截止日期和重要事件。日程安排软件则可以帮助学生安排他们的时间表，并确保他们不会忘记重要的事情。而待办事项列表则可以帮助学生清晰地列出需要完成的任务，并根据优先级进行排序。这些工具的使用不仅能够提高学生的工作效率，还可以帮助他们更好地掌控自己的时间，从而更好地平衡学习与生活，减轻学业压力。

时间管理对于学生的学习和生活至关重要。通过设定实际目标、制订详细计划和使用时间管理工具，学生可以更好地组织和利用他们的时间，提高学习效率，减轻学业压力，从而取得更好的学习成绩。因此，我建议学生在日常学习中积极采用这些时间管理策略，养成良好的时间管理习惯，从而更好地实现个人目标，迎接未来的挑战。

第二节　实践中的挑战与对策

一、压力认知的差异

在教育领域，我们面对的挑战之一是学生对学业压力感知的差异。这种差异可能是个体的性格、家庭环境、社会压力以及对自身能力和期望的认知等多种因素形成的。理解并应对这种差异是教育者的重要任务之一。有些学生更容易受到学业压力的影响，可能因为他们更为敏感或对成绩有着更高的期望；而

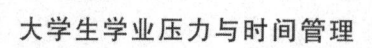

另一些学生相对不太容易感受到这种压力，可能因为他们更为乐观或更擅长应对挑战。

因此，作为教育者，我们需要培养对学生个体差异的敏感性和理解力。这意味着不仅要关注学生的学习表现，还要注意他们的情绪状态、行为反应以及言语暗示等方面。通过与学生建立信任和沟通，我们可以更好地了解他们的内在世界，从而更有效地应对他们的学业压力。

一种有效的对策是提供心理健康教育和辅导。心理健康教育不仅可以增加学生对压力的认识，还可以教授他们应对压力的技能和策略。例如，教授放松技巧、积极思维方式以及时间管理方法等，都可以帮助学生更好地应对学业压力。同时，心理健康辅导服务也至关重要，因为一些学生可能需要更个性化、深入的支持来处理他们面临的压力问题。通过提供心理健康教育和辅导，我们可以帮助学生建立健康的心理机制，增强应对挑战的能力，并促进他们的学业和个人发展。

另一个重要的对策是帮助学生正确理解和评估自己的压力水平。有时候，学生可能会高估或低估自己的压力水平，从而导致不必要的焦虑或忽视潜在的问题。通过教育他们如何客观地评估自己的情况，学生可以更好地认识到自己的压力来源、压力水平以及应对压力的能力。这种自我认知的培养有助于学生建立积极的心态，并更好地应对学习和生活中的挑战。

此外，我们还可以通过创建支持性的学习环境来帮助学生减轻学业压力。这包括鼓励合作学习、提供个性化的学习支持以及减少考试压力等。当学生感到自己被理解、支持和尊重时，他们更有可能建立起自信心，更好地应对学习压力。

针对学生对学业压力感知的差异，我们可以通过提供心理健康教育和辅导，以及帮助他们正确理解和评估自己的压力水平来有效地应对。同时，创造支持性的学习环境也是至关重要的。这种个性化的支持和指导有助于每个学生更好地应对学业压力，并培养出积极健康的心态，从而更好地实现他们的学习和成长目标。在这个过程中，教育者的角色至关重要，他们需要成为学生的支持者、引导者和倾听者，帮助他们应对学习生涯中的挑战。

二、时间管理技能的缺乏

在教育领域，时间管理技能的缺乏一直是学生面临的重要挑战之一。在学校的时候，学生常常发现自己面对着繁重的学业压力和各种额外的课外活动，而这些都需要他们合理分配时间来完成。然而，对许多学生来说，他们缺乏有效的时间管理技能，导致他们经常感到焦虑、压力重重，甚至在学业上出现困难。

为了解决这一问题，学校可以采取一系列对策来帮助学生改善他们的时间管理能力。其中之一是组织工作坊和讲座，旨在教授学生时间管理的基本原则和策略。这些工作坊和讲座可以由学校的教职员工、校外专家或学生领导的团体来组织和进行。通过这些活动，学生可以学习到如何有效地制订和执行时间管理计划，以便更好地应对他们的学业和生活压力。

在工作坊和讲座中，教师可以向学生介绍各种时间管理工具和技巧。例如，制订周计划、设置优先级、利用番茄工作法等。学生可以学会利用这些工具和技巧来合理安排时间，提高工作效率，以便更好地完成他们的学业任务和课外活动。此外，这些活动还可以为学生提供一个交流和分享经验的平台，让他们彼此之间学习和借鉴时间管理的成功经验。

除了工作坊和讲座，学校还可以通过课程设置来强化学生的时间管理能力。例如，在课程中加入时间管理的内容和任务，让学生在课堂上实践制订计划、设定目标、管理时间的技能。通过这种方式，学生可以在实际的学习环境中应用所学到的时间管理技能，加深对这些技能的理解和掌握。

另外，学校还可以通过提供个性化的辅导和支持来帮助那些时间管理能力较差的学生。学校可以设立专门的时间管理辅导中心或提供个人辅导服务，为学生提供定制化的时间管理建议和指导。通过与专业辅导员或指导老师的交流和互动，学生可以更好地了解自己的时间管理问题，并得到针对性的帮助和支持，以便他们能够克服这些问题，提高时间管理能力。

时间管理技能的缺乏是许多学生面临的一个普遍问题，但通过组织工作坊和讲座、加强课程设置、提供个性化的辅导和支持等对策，学校可以帮助学生改善他们的时间管理能力，从而更好地应对学业和生活中的各种挑战。这不仅有助于学生提高学习效率和成绩，还可以培养他们的自我管理能力和终身学习能力，为他们未来的发展打下良好的基础。

三、学习资源和支持的不平等获取

在当今社会，学习资源和支持的获取不平等现象越发凸显。这种差异不仅仅存在于发展中国家，甚至在发达国家也是普遍存在的。学生在接受教育过程中所能够获取到的资源和支持在很大程度上会影响他们的学习成就和发展。这种差异的根源是多方面的。

经济条件是造成学习资源和支持不平等的重要原因之一。在贫困家庭中长大的学生通常会面临诸多挑战，其中之一就是缺乏必要的学习资源。他们可能无法负担购买教科书、参加辅导班或者获取网络服务等所需费用。相比之下，来自富裕家庭的学生往往能够轻松获得这些资源和支持，从而在学业上取得更好的成绩。这种经济上的不平等不仅仅局限于物质方面，还包括了家庭文化和社会资本的传承，使得富裕家庭的学生更容易接触到更广泛和更高质量的学习机会。

地理位置也是造成学习资源和支持不平等的一个重要因素。在一些偏远地区或贫困地区，学校可能缺乏基础设施和教育资源。这意味着学生可能无法享受到与城市或富裕地区相同的教育条件。他们可能没有机会参加丰富多彩的课外活动，也可能无法接触到最新的技术设备和教学工具。与此同时，城市地区的学生则往往能够获得更多的学习资源和支持，因为他们所在的学校更有可能获得政府或私人的投入，提供更好的教育条件。此外，文化背景和家庭教育也会对学生的学习资源和支持产生影响。在一些家庭中，对教育的重视程度不是太高，父母可能缺乏对孩子学习的指导和支持。这使得孩子在学校和课外学习中面临更多的困难。相反地，在一些重视教育的家庭中，父母会给予孩子更多的学习机会和支持，鼓励他们积极参与学习活动，并提供必要的帮助和指导。这种家庭教育的不平等往往会在学生的学习过程中产生持续的影响。

针对这种学习资源和支持的不平等，提供更广泛和多样化的学习支持服务是解决问题的关键之一。例如，可以通过建立在线辅导平台或者设立学习小组来帮助那些缺乏学习资源和支持的学生。这样的举措可以使学生在学习过程中得到更多的帮助和指导，弥补他们在学校或家庭中所缺乏的资源。此外，政府和社会组织也可以通过提供奖学金或补助金等方式来帮助贫困家庭的学生获得必要的学习资源，从而减少资源不平等所带来的影响。

然而，要想彻底解决学习资源和支持的不平等问题，还需要从根本上解决社会中存在的经济、地理和文化不平等现象。这需要政府、学校和社会各界共同努力，采取更加有力的政策和措施，确保每个学生都能够享有公平的学习机会和资源。只有这样，才能真正实现教育的公平与普及，推动社会的公平与进步。

四、社交和心理压力

在学生的日常生活中，社交和心理压力往往是两个密不可分的问题，它们相互交织、相互影响。

在现代社会，随着科技的发展和生活节奏的加快，越来越多的学生陷入了社交隔离的困境。他们可能因为沉迷于电子设备而疏远了身边的朋友，也可能因为内向、自卑等个人因素而难以融入社交圈子。这种社交隔离有可能会影响学生的学习成绩还可能会影响到学生的心理健康，甚至会导致出现自我发展阻碍。因此，解决学生的社交隔离问题至关重要。

针对社交隔离问题，增强社交活动和群体支持网络是一种有效的对策。学校可以组织各种形式的社交活动，如集体运动、文艺表演、志愿者活动等，为学生提供展示自己、交流沟通的机会。此外，学校还可以建立起良好的群体支持网络，让学生在同龄人中找到共鸣和支持。通过参与社交活动和加入群体，学生可以建立起更加健康、积极的人际关系，从而减轻社交压力，增强心理韧性。

除了社交隔离，心理压力也是学生面临的一大挑战。学业压力、家庭压力、人际关系压力等都可能给学生带来心理负担。特别是在学习任务繁重、竞争激烈的环境中，学生往往容易感到焦虑、沮丧甚至绝望。这种心理压力如果

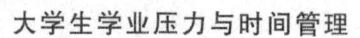

得不到有效的缓解和管理，可能会对学生的身心健康造成严重的影响，甚至引发抑郁症、焦虑症等心理疾病。

针对心理压力问题，提供心理健康服务尤为重要。学校可以设立心理咨询中心或心理健康教育机构，为学生提供心理咨询、心理疏导等服务。通过专业的心理咨询师或心理健康教育师的指导，学生可以学会正确应对压力的方式，了解自己的情绪和需求，并学会有效地调节情绪、释放压力。此外，学校还可以开展心理健康教育活动，提高学生的心理健康意识，促进心理健康知识的普及和传播。通过这些举措，可以帮助学生建立起健康的心理机制，增强心理抵抗力，更好地应对生活中的各种挑战。

社交隔离和心理压力是学生面临的两大问题，它们相互交织、相互影响。针对这些问题，增强社交活动和群体支持网络，以及提供心理健康服务是两种有效的对策。通过这些对策的实施，可以帮助学生建立起健康、积极的社交关系，增强心理韧性，更好地适应和应对学习和生活中的各种挑战。同时，也需要学校、家庭、社会等多方共同努力，为学生的成长和发展营造出良好的环境和条件。

第三节　个人发展计划的制订

一、明确个人目标

在制订个人发展计划时，明确个人目标是关键的一步。大学生正处于人生发展的关键阶段，他们需要有清晰的目标来指引自己的学习和成长方向。首先，要明确短期目标。这些目标可能包括学期成绩目标，这可以帮助学生在每个学期末有一个具体的成绩目标，激励他们更加努力地学习和备考。此外，技能提升也是短期目标的重要组成部分。大学生应该根据自身兴趣和专业方向确定需要提升的技能，比如，语言能力、计算机技能、沟通能力等。通过明确这些短期目标，学生可以更加有针对性地制订学习计划，有助于提高学习效率和成果。

其次，长期目标也是个人发展计划中不可或缺的一部分。长期目标通常涉及职业规划和个人成长目标。对大多数大学生来说，他们可能还没有完全确定自己的职业方向，但可以通过设定一些长期目标来引导自己的职业规划。比如，他们可以设定五年或十年后想要达到的职业高度，思考自己希望成为什么样的专业人士，拥有怎样的技能和素质。此外，个人成长目标也是长期目标中的重要部分，这涉及个人素养的提升、内心修养的培养等方面。通过设定明确的长期目标，大学生可以在学习和成长过程中更加有目标地前行，不至于迷失在无尽的学习和生活中。

除了明确个人目标，制订个人发展计划还要考虑现实条件和个人能力。大学生应该充分了解自己的优势和劣势，客观评估自己的能力水平和学习态度。在制订目标和计划时，要根据自身实际情况来合理安排，不要盲目追求完美，也不要轻易放弃。此外，要考虑到外部环境的影响，比如，家庭、社会、经济等方面的因素，这些都会对个人发展产生一定的影响，需要在制订计划时加以考虑和克服。

另外，个人发展计划的制订还需要具备可行性和灵活性。制订计划时要量力而行，不要设定过高或过低的目标，要根据自身实际情况和能力水平来设定具体目标，并在实施过程中不断调整和改进。同时，要具有一定的灵活性，根据实际情况和外部环境变化来随时调整计划，避免故步自封，保持前进的动力和方向。

个人发展计划的制订应以明确和具体的个人目标为基础，包括短期目标和长期目标。在制订计划时要考虑到自身条件和能力、外部环境的影响，并具备可行性和灵活性，以确保计划的实施和达成。通过制订和执行个人发展计划，大学生可以更好地规划自己的学习和成长路径，实现自身的人生目标和理想。

二、自我评估与能力分析

在大学生涯中，进行自我评估与能力分析非常关键。这个过程涵盖了个人的优势、弱点、兴趣和价值观，对于制订个人发展计划和实现目标至关重要。

个人优势是指一个人在某些方面相对于他人表现突出的特点或能力。其中包括学术能力、沟通技巧、领导才能、创造力等。识别个人优势对于大学生至关重要，因为它们可以成为个人成功的基石。了解自己的优势可以帮助大学生更好地选择适合自己的课程和社团活动，并在未来的职业生涯中发挥优势，取得更好的成就。然而，除了个人优势，大学生也需要认识到自己的弱点。弱点并不意味着失败，而是指个人在某些方面相对于他人表现不足的地方。可能是学习上的困难、社交技能的不足、时间管理的挑战等。识别并理解自己的弱点是为了能够有针对性地改进和成长。通过努力和持之以恒的学习，大学生可以克服这些弱点，提升自己的能力水平，变得更加全面和坚强。

兴趣是指个人对某种活动、领域或话题的喜爱和关注。了解自己的兴趣有助于大学生选择合适的课程和参与感兴趣的社团活动。兴趣也是激发个人学习动力和持续投入的重要因素。当大学生能够将自己的兴趣与学习内容相结合时，学习将变得更加有趣和富有成效。

价值观是指个人对于道德、人生目标和意义的理解和追求。价值观的形成受到家庭、文化、宗教等多种因素的影响。大学生应该认真思考并确立自己的核心价值观，因为这将指导他们的行为和决策。价值观的明确有助于大学生在面对各种选择和挑战时保持稳定和坚定，帮助他们成为有担当、有原则的人。

进行自我评估与能力分析是大学生个人发展过程中至关重要的一环。通过认识自己的优势和弱点，抓住自己的兴趣，明确自己的价值观，大学生可以更好地规划自己的未来，实现自己的梦想和目标。这个过程不仅需要自省和思考，还需要持续地努力和实践，它将为大学生的成长和成功奠定坚实的基础。

三、制订实现目标的行动计划

在制订实现目标的行动计划时，需要综合考虑目标的具体性、可操作性以及个人的现实情况和资源条件，以确保制订的计划能够切实可行且能够顺利实施。对大学生而言，他们所面临的目标可能涉及学业、职业发展、个人成长等多方面。因此，制订行动计划时需要根据不同的目标性质和重要性进行区分和优先级排列。

对学业目标而言，大学生可以通过分析自己的课程安排和学习进度，了解当前所学知识的掌握程度以及存在的不足之处。在此基础上，可以制订具体的学习计划，明确每周、每月的学习目标和时间安排，合理安排每天的学习时间和任务分配，以确保学习计划的科学性和有效性。同时，还可以结合个人的学习方式和偏好，选择适合自己的学习方法和工具，如阅读、听讲、讨论、实践等，以提高学习效率和学习成果。

除了学业目标，大学生在职业发展方面也需要制订相应的行动计划。他们可以通过参加各种研讨会、培训课程或开展特定项目来提升自己的专业能力和职业素养。在选择参加研讨会或培训课程时，可以根据自身的兴趣爱好和职业发展方向进行选择，选择与目标密切相关的课程或主题，并且要注重课程的实用性和前沿性，以满足自身职业发展的需要。同时，参加研讨会或培训课程也是扩展人际关系和资源网络的重要途径，可以与行业专家或同行进行交流和互动，拓展人脉和机会。

开展特定项目也是实现目标的重要途径之一。大学生可以选择参与科研项目、实践活动、社会实践等项目，通过项目的实施和完成，提升自己的实践能力和团队协作能力，积累相关经验和成果。在选择项目时，要充分考虑项目的目标和要求，明确自己的角色和责任，制订详细的工作计划和时间安排，合理分配资源和任务，确保项目能够顺利实施和取得预期效果。

制订实现目标的计划是一个系统性和持续性的过程，需要不断地调整和完善。大学生在制订行动计划时，应该充分考虑自身的情况和目标的要求，确立明确的目标和可行的计划，注重执行和效果评估，不断提高自己的学习能力和实践能力，实现个人价值和自我成长。通过合理规划和科学实施行动计划，大学生可以更好地应对挑战，实现自身的梦想和追求。

四、时间管理与优先级设置

时间管理与优先级设置在个人发展中扮演着至关重要的角色。它们不仅仅是管理日常事务的手段，更是实现个人目标和追求成就的关键。有效的时间管理和合理的优先级设置可以帮助个人更好地掌控自己的生活，提高工作效率，增强成就感，并最终实现个人发展的长期目标。

时间管理涉及对时间的合理分配和利用。每个人每天都面临着同样的24小时，但是如何利用这有限的时间资源却是因人而异的。对一个成功的职业人士来说，他们往往能够将时间用在最有价值的事情上。这需要他们能够识别出哪些活动或任务对实现个人发展目标最为关键，然后将时间和精力投入这些关键任务。这种能力不仅需要对自己的目标和价值观有清晰的认识，还需要对外部环境和资源有敏锐的把握能力。只有这样，个人才能够确保在有限的时间内完成最重要的事情，从而不至于被琐事和无关紧要的任务所困扰。

优先级设置是时间管理的核心。其涉及对任务的分类和排序，以确定哪些任务应该优先处理。在现代社会，人们往往面临着各种各样的任务和活动，而且它们的重要性和紧急程度也不尽相同。因此，学会正确地设置优先级至关重要。一般来说，可以根据任务的重要性、紧急程度以及与个人目标的相关性来进行优先级设置。重要且紧急的任务应该首先处理，因为它们对个人目标的实现具有直接的影响；重要但不紧急的任务则可以安排在稍后处理，但也不能被忽视；紧急但不重要的任务则可以考虑委派他人或者暂时搁置；而既不重要也不紧急的任务则应该尽量避免或者延后处理。通过合理设置优先级，个人可以更加有效地利用时间和资源，提高工作效率，减少时间浪费，从而更好地实现自己的发展目标。

在实际操作中，有一些方法和技巧可以帮助个人更好地进行时间管理和优先级设置。首先，可以使用时间日志或者时间记录工具来记录自己的时间分配情况，以便于对时间的利用情况进行分析和调整。其次，可以采用番茄工作法或者时间块管理法来组织和安排工作，以提高工作效率和集中注意力。另外，还可以学会拒绝无关紧要的任务和活动，保持专注和目标导向，避免陷入琐事纷扰的困境。最后，要时刻关注自己的个人发展目标，确保所做的一切都与之保持一致，不偏离方向。

时间管理与优先级设置是个人发展中至关重要的一环。它们不仅关乎个人的工作效率和成就感，更关乎个人发展的长远规划和目标实现。通过合理安排时间和有效设置优先级，个人可以更好地掌控自己的生活，提高工作效率，增强成就感，并最终实现个人发展的长期目标。因此，每个人都应该重视时间管理与优先级设置，不断提升自己的能力和技巧，以应对日益繁忙和复杂的现代生活。

第四节 资源与支持系统的建议

一、心理健康服务

大学生活承载着无数期待与挑战，心理健康服务的重要性越发凸显。在当今社会，大学生面临着来自各方面的压力，无论是来自学业的繁重负担、人际关系的纷扰，还是对未来就业的担忧，这些都可能对他们的心理健康造成负面影响。因此，学校提供心理健康服务，如咨询中心和心理健康热线，不仅是为了解决学生当前的心理问题，更是为了帮助他们建立健康的心理素质，应对未来生活的各种挑战。

心理咨询中心作为大学心理健康服务的重要组成部分，扮演着舒缓心灵、排解压力的重要角色。学生可以在这里倾诉自己的烦恼和困扰，无论是学业上的困难、人际关系中的纠纷，还是情感上的挣扎，都可以得到专业的倾听和支持。咨询中心的心理健康工作者具有丰富的专业知识和经验，他们能够帮助学生理清思绪、解决问题，让他们重新找回内心的平静和自信。而且，咨询中心还可以定期组织一些心理健康讲座和活动，帮助学生更好地了解心理健康知识，提升心理素质，预防心理问题发生。

心理健康热线为那些需要紧急帮助和支持的学生提供了一个方便快捷的途径。在面对突发的心理危机或者情绪失控时，学生可以随时拨打心理健康热线寻求帮助，得到专业人士的即时关怀和指导。这种即时性的支持可以帮助学生及时化解危机、稳定情绪，避免事态进一步恶化，对一些处于紧急情况下的学生来说，这可能是非同寻常的。

然而，尽管学校提供了这些心理健康服务，但很多学生仍然不愿意寻求帮助。这可能是因为他们觉得寻求帮助是一种软弱的表现，或者是因为他们担心会受到歧视和排斥。因此，学校不仅需要提供心理健康服务，还需要积极地宣传和倡导这些服务的重要性，打破学生心理上的障碍，让更多的人愿意主动寻求帮助。学校可以通过各种渠道，如宣传栏、社交媒体、校园活动等，向学生传递心理健康知识，引导他们树立正确的心理健康观念，提高他们对心理健康服务的认识和利用率。

大学提供的心理健康服务对于学生的成长和发展至关重要。通过咨询中心和心理健康热线，学生可以得到专业的支持和指导，帮助他们应对各种挑战和困扰。然而，为了让这些服务最大限度地发挥作用，学校要积极地宣传和倡导，打破学生心理上的障碍，让更多的人愿意主动寻求帮助。只有这样，才能让大学校园成为一个健康、和谐、充满活力的地方。

二、学术辅导和辅助资源

在现代教育体系中，学术辅导和辅助资源的重要性日益凸显。学校提供的学术支持服务，涵盖了多方面，包括但不限于图书馆资源、学习中心、辅导课程和在线教育平台。这些资源的存在不仅为学生提供了学习上的便利，更重要的是，它们为学生提高学习效率、解决学业挑战提供了强有力的支持。

图书馆资源是学术支持的核心之一。图书馆不仅是书籍的存储场所，更是知识的宝库。学生可以通过图书馆获取各种各样的学术文献、期刊论文、专业书籍等，这些资源对于他们的学术研究和论文撰写至关重要。此外，现代图书馆已经不再局限于传统的纸质书籍，很多图书馆都提供了电子书、数据库等数字化资源，学生可以随时随地通过网络获取所需资料，极大地方便了他们的学习和研究。

学习中心是学生获取学术辅导的重要场所。学习中心通常由专业的教师和辅导员组成，他们可以为学生提供针对性的学习指导和辅导服务。无论是课业上的困难还是学习方法上的不足，学生都可以在学习中心寻求帮助和建议。学习中心通常还提供各种形式的辅导课程和讲座，帮助学生提升学习技能和解决学术难题。通过与专业教师和同学的互动，学生不仅可以及时解决学习中的困惑，还能够拓展自己的学术视野，提高学习效率。

此外，辅导课程也是学术支持的重要组成部分。学校通常会开设各种形式的辅导课程，旨在帮助学生提高特定学科或技能的水平。这些课程可能包括补习班、复习课、讲座等形式，覆盖了各个学科和领域。通过参加这些辅导课程，学生可以系统地复习和学习知识，巩固学科基础，提高学习成绩。同时，辅导课程也提供了与老师和同学互动的机会，学生可以在课堂上提问和讨论问题，加深对知识的理解和掌握。

随着信息技术的发展，在线教育平台成为学术支持的新渠道。越来越多的学校和机构利用互联网资源，建设了各种在线教育平台，为学生提供了丰富的学习资源和服务。通过在线教育平台，学生可以在家或者任何地方随时接触到各种学术课程和教学资源，包括视频讲座、在线测试、学习笔记等。这种灵活的学习方式不仅方便了学生的学习，还能够满足不同学生的个性化学习需求，从而提高学习的灵活性和效率。

学术辅导和辅助资源在提高学生学习效率、应对学业挑战方面发挥着不可替代的作用。学校提供的图书馆资源、学习中心、辅导课程和在线教育平台，为学生提供了丰富多样的学术支持和服务，帮助他们更好地应对学习中的各种困难和挑战，取得更好的学业成绩。因此，学生应该积极利用这些资源，不断提升自己的学术能力和综合素质，为自己未来的发展打下坚实的基础。

三、时间管理工具和应用

时间管理是现代生活中至关重要的一环，尤其是在信息爆炸的时代，我们往往感觉时间不够用。在这个背景下，时间管理工具和应用成为我们管理时间、提高效率的重要利器。数字日历是其中之一。它能够帮助我们将各种会议、活动等安排得井井有条。通过数字日历，我们可以对每天的安排一目了然，避免时间上的冲突，合理安排每项任务所需的时间。而且，一些数字日历应用还具有提醒功能，可以在活动开始前提醒我们，从而确保我们不会错过重要的事件。

除了数字日历，任务管理软件也是一款非常实用的工具。任务管理软件可以帮助我们将复杂的任务拆解成小任务，并设置优先级、截止日期等信息，使我们能够清晰地知道自己接下来需要完成哪些任务，并合理安排时间来完成这些任务。此外，任务管理软件还可以记录任务的完成情况，帮助我们进行任务效率的评估，从而不断优化自己的工作方式。

另外，专注度增强应用也是一种非常有用的时间管理工具。在当今社会，我们往往面临着来自各种各样来源的干扰，比如，社交媒体、手机通知等。这些干扰会严重影响我们的工作效率，降低我们的专注度。专注度增强应用通过提供专注音乐、屏蔽干扰通知等功能，帮助我们更好地专注于当前的任务，提高工作效率。通过使用这些应用，我们可以将工作时间划分为专注时间和休息时间，提高工作效率的同时也能够保护自己的身心健康。

时间管理工具和应用可以帮助我们更好地管理时间，提高工作效率。然而，仅仅拥有这些工具是不够的，我们还需要掌握一定的时间管理技巧，比如，设定明确的目标、制订详细的计划、保持良好的习惯等。只有将时间管理工具和技巧结合起来，我们才能真正做到高效地利用时间，提高工作效率，实现自己的个人和职业目标。

四、学生组织和俱乐部

学生组织和俱乐部在大学生活中扮演着重要的角色。它们不仅仅是校园中的一种社交活动平台，更是学生获得全面发展和支持的平台。参与学生组织和兴趣俱乐部有着诸多价值，其中之一是建立支持网络。大学生活对许多人来说是一个全新的阶段，远离家乡、面对各种挑战，因此建立起一个支持系统至关重要。学生组织和俱乐部为学生提供了一个共同的兴趣和目标，让他们能够在这个新的环境中找到归属感和支持。通过与志同道合的同学们共同参与活动，学生能够建立起深厚的友谊和互相扶持的关系，这种关系不仅在学业上提供了帮助，也在他们的生活中提供了情感上的支持。

除了建立支持网络，学生组织和俱乐部还提供了释放压力的机会。大学生活充满了各种各样的压力，来自学业、人际关系、未来规划等方面。在这种情况下，参加兴趣俱乐部或者学生组织可以是一个很好的缓解压力的方式。这些组织通常会组织各种活动，如社交聚会、户外运动、志愿服务等，让学生有机会暂时抛开学业压力，放松心情，从而更好地调整自己的状态。此外，参与这些活动也可以帮助学生培养兴趣爱好、发展个人技能，为未来的发展打下坚实的基础。

除了提供压力释放的机会，学生组织和俱乐部还能够提供社交支持。大学是一个社交的阶段，通过与不同背景和兴趣的人交往，学生能够拓展自己的人际关系，丰富自己的社交圈子。学生组织和俱乐部为学生提供了一个与同龄人交流的平台，让他们能够结识新朋友，建立人际关系，培养沟通能力和团队合作精神。这种社交支持不仅可以帮助学生更好地适应大学生活，还能够为他们未来的职业发展打下坚实的基础。在这些组织中，学生有机会学习如何与他人合作、如何领导团队、如何解决问题，这些都是他们未来职业生涯中所需要的重要技能。

学生组织和俱乐部在大学生活中扮演着不可或缺的角色。通过参与这些组织，学生不仅能够建立起支持网络，释放压力，获得社交支持，还能够培养个人技能，丰富自己的大学生活。因此，笔者鼓励每位学生都积极参与到自己感兴趣的组织和俱乐部中去，发掘自己的潜能，丰富自己的大学生活，为未来的发展打下坚实的基础。

参考文献

[1] 胡望洋, 赵军, 谢卫忠. 休闲满意、焦虑和时间管理对大学生学业压力的影响 [C]// 第七届全国体育科学大会论文摘要汇编 (二).2004.

[2] 史亚琴. 大学生时间管理倾向、学业要求及焦虑的关系研究 [D]. 2011.

[3] 何伟强, 胡建梅, 徐建华, 等. 大学生时间管理倾向与心理压力的关系研究 [J]. 思想. 理论. 教育, 2004(7):4.

[4] 李茹锦. 不同成就目标定向大学生的时间管理倾向及其与学业成绩的关系 [D]. 山东师范大学 [2024-02-26].

[5] 张爱芹, 王月. 初中生学业拖延与学业压力, 时间管理倾向的关系研究 [J]. 通化师范学院学报, 2019, 40(1):84-90.

[6] 余民宁, 陈景花. 时间管理对学业成就的影响 [J]. 深圳大学学报：人文社会科学版, 1996(4):1.

[7] 王华清, 刘满芝. 课堂教学时间的优化管理策略 [J]. 煤炭高等教育, 2004, 22(4):1.

[8] 孔荣, 刘婷. 校园压力与大学生学业倦怠的关系及其作用机制 [J]. 山西大同大学学报：自然科学版, 2020, 36(2):4.

[9] 王晶. 学业拖延类型与时间管理倾向、压力应对策略的关系——控制源的中介效应分析 [D]. 陕西师范大学 [2024-02-26].

[10] 米豆豆. 大学生学业拖延与时间管理倾向、学习动机的关系研究 [D]. 杭州师范大学 [2024-02-26].

[11] 史亚琴. 大学生时间管理倾向、学业要求及焦虑的关系研究 [D]. 厦门大学, 2011.

[12] 刘莹. 大学生压力, 时间管理倾向对学习倦怠的影响 [D]. 华中师范大学 [2024-02-26].

[13] 张超. 大学生时间管理倾向与焦虑情绪关系的研究 [J]. 课程教育研究, 2014(25):1.

[14] 王冰. 多级模型压力管理对大学生应对方式的影响 [D]. 浙江师范大学, 2015.

[15] 华成玲, 韩宇茹, 徐晓青, 等. 大学生学业拖延情况及成因的调查研究 [J]. 教育教学论坛, 2015(46):3.

[16] 吕丽霞, 王经纬, 袁婧. 研究生时间管理对学业要求与主观幸福感调节机制研究 [J]. 承德医学院学报, 2010, 27(3):2.

[17] 贺玉娇. 医学研究生学业拖延、时间管理倾向与成就动机的关系研究 [D]. 山西医科大学 [2024-02-26].

[18] 李茹锦. 不同成就目标定向大学生的时间管理倾向及其与学业成绩的关系 [D]. 山东师范大学 [2024-02-26].